ホリスティック教育ライブラリー⑩

ホリスティックに生きる

目に見えるものと見えないもの

日本ホリスティック教育協会
今井重孝・金田卓也・金香百合 編

せせらぎ出版

■はじめに

ホリスティックに生きる――目に見えるものと見えないもの

これまで、ホリスティック教育ライブラリー・シリーズを刊行してきました。完結巻にあたるこの一〇巻では、ホリスティック教育ライブラリーの中核を占める「ホリスティック」という言葉の内実を日々の暮らしの中でどのように活かしていけるのかをテーマとして取り上げることにしました。

人生が生涯自己教育の場であるとすれば、人生の中のありふれた日常の中でこそ、ホリスティックな生き様を体現していくことが、一人ひとりの課題であるといえないでしょうか。その課題に寄与するような、完結巻にしたいと考えたわけです。本巻では、暮らしの中でさまざまな観点からホリスティックな生活を実践しておられる方々に、その人生の中で培われた豊かな知恵や工夫を提供していただきます。

ホリスティック（holistic）という言葉の語源は全体を意味するギリシア語のホロスにあり、その派生語にはwhole（全体）、heal（癒す）、holy（聖なる）、health（健康）などがあります。ホリスティックなものの考え方は、部分にとらわれず全体を見るということです。たとえば、機械の部品を扱うように、筋肉なら筋肉だけ、血液なら血液だけ、あるいは感情なら感情だけといったように、部分に目を向けただけでは、人間を理解したことにはならないでしょう。身体も心もすべて含めて、人間を丸ごと全体的にとらえて初めて真の人間理解に近づくことができるのです。身体の機能ばかりではなく、心も含めて全体的バランスがとれた状態が〈健康〉であることはいうまでもありません。

教育の場面を見るとき、子どもの心と体のつながり、学校と社会のつながり、生徒と教師のつながり、教師と教師のつながりなど、さまざまな次元で〈つながり〉が希薄になっていることに気づきます。そうした分断されてしまった〈つながり〉を回復させ、教育そのものをよりバランスのとれたものにしていこうというのが、ホリスティック教育なのです。

人間存在をばらばらなものではなく、全体としてとらえる「ホリスティック」教育の理念は、「つつみこみ（包括性）」「つながり」「つりあい（バランス）」の三つの要素で説明されています。この三要素に加えて、現代において最もなおざりにされやすい要素として、「スピリチュアリティ」の要素があります。

本書の副題に「目に見えるものと見えないもの」とあるのは、「ホリスティック」に不可欠の重要な要素としての「スピリチュアリティ」を、暮らしに根差した視点からとらえ直したいという思いが込められているからです。

「スピリチュアリティ」というと、何かオカルト的なイメージが喚起されるという不幸な事情もあります。しかし、「愛」に神秘を感じたり、自然の美や、満天の星空や、美しい夕焼け、あるいは森閑とした森の中で、何か神秘的な気持ちになる人は少なくないでしょう。あるいは、宇宙の壮大さや、人間の体の精妙さに、神秘を感じる人もいるでしょう。

人間生活のいたるところで、目に見えない「愛」や「思いやり」、「感情」や「動機」が働いています。少しオーバーに表現すれば、人間のあらゆる行動、いとなみには、目に見えない「スピリチュアリティ」の要素が含まれているのです。その側面を自覚化し、自覚的に生活することが「ホリスティック」理念を真に活かすことにつながるのではないでしょうか。

人間の生活は、基本的に、さまざまな行為・動作によって構成されています。その一つひとつの行為・動作がホリスティックになれば、その結果として、ホリスティックな人生が築き上げられるわけです。そこで本巻では、各章で動作を取り上げることにより、それぞれの動作の持つホリスティックな契機について考えてみることにしました。まず、基本動詞を七つ取り上げ、七つの動詞に対応する動詞をそれぞれ選びました。もちろん、日常生活で行うすべての動作を含めることはできませんが、私たちが生きていくうえで欠かせない動作の多くを入れるよう試みました。最初から順番に読むというよりは、興味のありそうなところから関心に従って読み進めたり、あるいは、章ごとのまとまりの動作の箇所を読むことで、関連した新しい動作を自分なりに考えたり工夫したりしていただけるとうれしいです。

読者の一人ひとりが、何気ない日常生活の中にホリスティックな営みの可能性が豊かに含まれていることに気づき、それぞれの生活をホリスティックに築き上げていけるよう、本書が少しでもお役に立てることを願っています。

日本ホリスティック教育協会　今井重孝　金田卓也

ホリスティックに生きる◎もくじ

3章　動き、真似し、遊び、働く

4章　語り、歌い、読み、祈る

7章　眠り、老い、願い、死ぬ

1章

生まれ、産み、呼吸し、育つ

生まれる、生む

到来するいのちが問いかけてくること

守屋 治代

もりや はるよ／東京女子医科大学看護学部基礎看護学教員（静岡県掛川市大東キャンパス勤務）。看護師・保健師。日本ホリスティック教育協会運営委員。日本ホリスティック・ナーシング研究会・アントロポゾフィー看護を学ぶ看護職の会会員。

「生まれる」と「生む」

「生まれる」と「生む」とでは、その出来事の起こり方に原理的な違いがあります。何かが生まれることと何かを生むこと。身近なところでは、お母さんが赤ちゃんを生むことと、赤ちゃんが生まれてくること。主体がお母さんなのか赤ちゃんなのか、生む者なのか生まれてくるいのちなのかによって、事態のとらえ方に大きな違いがあります。

「生む」場合には、生むものの主体性・意志性・能動性が際立ちます。一方、「生まれる」場合には、生まれてくる何かの到来性・自然性・受動性が響いてきます。こういうことができます。お母さんは赤ちゃんを生み、いのちは生まれてくる。お母さんが子どもを生むということのなかに、いのちが生まれる。出産は、「生む（産む）」と「生まれる」が同時におこる出来事。

ここでは、人間の思いや行為を超え、時が満ちて、いのちがかなたからやってくる現れ方や在り方、そのことを「生まれる」と定義してみます。つまり、「みずから」生むのではなく、「おのずから」生まれる。この「おのずから」という事態の方に重きをおいて考えていくこともできます。

また、生まれるというと、何が生まれ、それはどこからどこへ生まれるのか、ということがさまざまに考えられます。生まれる前の状態や場所から、生まれ出た後の状態や場所へという動きと、そこにみられる変化も気になってきます。このように、「生まれる」や「生む」にはいろいろな位相が考えられます。そこで、前半は「生まれる」ということ、後半は「生む（産む）」ということについて述べていきたいと思います。

「生まれる」ということ

一・母にとって児は自己か非自己か

お母さんの身体の中で生命が育ち、やがて時が満ちて赤ちゃんが生まれる。この母胎のなかで受精卵が形成され育っていくことのなかに、身体という自然のおのずからのはたらきが現れます。それは、「免疫寛容」という、まだ免疫学的に充分解明されていない不思議です。

お母さんにとって受精卵は「自己」か「非自己」かという議論があります。人間は、体内の自分以外の異物を「自己」か「非自己」かを認識し、「非自己」に対しては攻撃・排除して「自己」を守るという防御システムをもっています。受精卵には母親と父親の遺伝子が半分ずつ存在しているので、お母さんと受精卵相互とは、互いが自己と同一ではなく「非自己」です。けれども一般的に、体内の受精卵に対して母体は攻撃・拒絶しません。これを免疫学的に「母児間免疫寛容」といいます[1]。赤ちゃんの方の免疫機能の未熟さがお母さんを「非自己」と認知しないのでお母さんを攻撃しない、お母さんの方にも赤ちゃんを攻撃・拒絶しないメカニズムが作動するといわれています。

「母児間免疫寛容」とは、身体に備わっている自然のはたらきです。すでに一つの新しい生命の発生と誕生にあたって、二つの生命の間で「自己」か「非自己」か、ということが問われ、そこに人智を超えた自然のはたらきが用意されている、というわけです。一つの生命のなかにもう一つの別の生命がおかれる。すでにある生命は、自己ではない新しい生命を受け入れる。本来持っている自己同一性を守るための他者への攻撃性・排除性、あるいは自己中心性がおのずと消えてしまう。生命が生命を生かし互いが生き残り、共存・共生しあうために、寛容になるということ。これは、人間が頭で考えるよりもはるかに高次な「身体の意志ある選択」といえないでしょうか。

二 この世にいのちが生まれる

先に、どこからどこへと生まれるのか、と問いました。「どこへ」には、「この世へ」「この人の世に」「地上へ」と答えると、「どこから」には、おのずと「この世を超えたところから」となります。

お産の現場でお母さんたちのさまざまな経験に接している、ある産婦人科医が詩を創りました[2]。お母さんたちがどうしたらおなかの赤ちゃんを実感できるだろうかと思いをめぐらせている夜に、次から次へと言葉があふれ出てきたそうです。それは、わたしは地上におりる決心をしました。
わたしがあなたを（あなたたちを）選びました。

というメッセージです。詩のコピーは折にふれ、妊娠の継続を悩む人、つわりや切迫流産で苦しむ人、障がい児を出産した人など、さまざまな問題で思い悩む人々の間を伝わっていきました。

人智学の立場からR・シュタイナーは、人間の思考・感情・意志の背後にある魂は、霊的世界から降りてきて、進化するために転生を重ねる地上生活を貫いて存在し続けるといいます(3)。この考え方からすると、赤ちゃんに宿ったいのちが生まれてくることは、魂が受肉してこの世に降りてくるということを意味します。生まれ変わる魂が、自分でお母さんを、この世での人生を選んで生まれてくるということです。

ここでは、魂がみずから、「あなたを選びました」といっています。決して快適で楽しいばかりではない、苦痛や困難に満ちたこの世に降りてくる、ということが生まれることだとしたら、生まれるということは、魂にとって困難な旅の始まりでもあります。一つひとつの魂がやがて再び肉体を離れ、そしてまた次の生まれ変わりの人生に。はてしなく続く魂の旅路のある一時期、なぜ、その魂がその母親を選んだのか。なぜ、その母親と父親の元に生まれ降りたのか、誰にもわかりません。魂たちが今生で出会うということが「生まれる」ことの神秘だと思えます。私たちは、そのことを一生かけて知るために生まれてくるのかもしれません。

三．生命記憶

地上に降りてくる魂であるいのちは、身体に宿ります。三木形態学の三木成夫氏は、胎児が母親の胎内で生をうけてから生まれ出るまでに、さまざまな生物の形態をとることを教えてくれます。[4] 受精後三二日目から四〇日目の間に、生命の記憶とでも呼べる出来事が起こります。胎児の顔形はおよそ人間どころか、最初はまるで鱶《フカ》の頭、次は爬虫類的口もと……というように変容していきます。胎内において、原初の生命誕生――魚の時代――両生類の時代――爬虫類の時代――原始哺乳類の時代と、進化の歴史を一気にたどっていきます。四〇日目にようやくヒトと呼べる顔立ちになって成長を続け、あのような赤ちゃんの姿でこの世に現れてきます（このことを専門的には「個体発生は系統（三木氏によれば宗族）発生をくりかえす」という）。

人間が進化してきた過程のすべての記憶が細胞のなかに刻まれています。人が生まれてくるということのなかに、気が遠くなるほどの時間の生命記憶が巧みに刻みこまれています。人は、意識的には今現在を生きていますが、同時に身体は生物進化の過去からの記憶を潜めています。まだ胎内にいたとき、私はほんの一時期だけ、魚や両生類、爬虫類を通過したと想像してみると、何だか不思議な感覚になります。私は自然のなかの生きものであり、私のなかには自然性が生きています。人間としての人格性よりさらに根源的・原初的なもの、自然そのものの層が、私の意識しない奥深くに織りこまれています。この層にまで降りていけば、すべての生きとし生けるものの無差別な世界が拓けるのかもしれません。

世界中で高い評価を得ているグレゴリー・コルベールによる写真作品“Ashes and Snow”に出会ったときのことを思い出します。たとえば、正座して本を読む少年と向かいあい足を折りたたんですわっている象。大きな石の上で、目を閉じ胸に手を当てた少年と寄り添って座っているチーター。広い草原に、人間と動物のただこの二者だけがいる。美しく静寂で荘厳でさえある世界。いのちが、人間として象としてチーターとして、そこにいる。それは、私のなかの奥深くの何かが呼び覚まされる感覚でした。コルベールは次のようにいっています。

一九九二年、'Ashes and Snow' の取り組みを始めた時に私が目指したのは、人間と動物の関係を内側から捉えることでした。すべての動物が共有している言葉と詩的な感覚を発見する過程を通じて、私は人間と動物と調和しながら生きていた時には存在したはずの共通の地を回復したいと考えています[5]。

四．身体が生まれる＝世界が生まれる

いのちが生まれるということは、人間の姿としての身体をもってこの世に現れるということ。いのちは、いのちのままではこの世界には顕現できない。いのちが生まれるには、人間の姿としての身体を必要とする。次は、このことについて考えてみたいと思います。

人間が身体として生まれるということは、人間はある意味では物質的存在であることを意味しています。身体は物質的要素で構成されています。そして物質的身体（肉体）は、ある一定空間を占めた一つの個体として、世界のなかに一定の場所を占め局在的に存在することになります。これは、母親の羊水に満たされた胎内で母親と一体化して生きていた安全な世界と、何という違いでしょうか。胎内では、世界が自分であり、自分が世界でした。

身体として母親の身体から別れて生まれ出るということは、自分の身体の内と外の区別が、決定的に明確にされます。自分にとって外の世界が形成されてしまいます。身体という形で生まれるということは、世界から隔てられ、個（体）としての生存を余儀なくされることを意味します。胎内を出た赤ちゃんは必死で自

分の力で最初の肺呼吸をします。自分の力で呼吸ができなければ、単独で生存することはできません（もちろん、その呼吸を続けられるように、周囲の者は必死で援助しますが）。生まれて最初に一人でする呼吸。これは、世界に個として現れ存立すること、世界から個として隔てられたこと、そして世界と個としてつながること、この最初の姿として象徴的です。

こうして、自分という身体としての個が生まれるということ＝世界が現れるということは、同時に自分以外のあらゆる存在がそこに生まれることを意味します。身体という有限性においてこそ、同じ有限性における他者が生まれます。つまり、身体として生まれるからこそ、人間は他者と出会うことができます。他者と出会うために、誰かと出会うために、人間は身体をもって生まれてくるのだとさえいえるのではないでしょうか。さらに物質的身体としての肉体は、傷つきやすく弱い存在です。傷つきやすさは助けを必要とします。傷つきやすい身体は、助けられることを求めています。

私たちは裸で母の胎内を出る前、世界と一つだったことを記憶しているからこそ、他者と世界と再び結びあうこと、融合しあうことを希求するのは、自然なことだと思えます。けれども、個としての身体をもち「我」となってしまった以上、この世での完全な一体化はかなわぬこと。むしろ、「我」は「我」として他者・世界と離れているからこそ、そして傷つきやすく弱い存在であるからこそ、私と他者を結びつけ、そのことを喜ぶことができるのです。

そして最後に、物質としての肉体は崩壊に至ります。肉体が永遠に存続することはありません。つまり、この世に肉体として生まれるということは、生まれたと同時に死に向かって歩みを始めていることです。人間は、はるか昔からの生物進化の記憶をたずさえて生まれ、やがて肉体としての生を終えることを前提に、この世に生まれてきます。生まれて一日生きたということは、死に一日近づいたということ。生まれなければ死ぬこともない。喜びにあふれた輝かしい生命の誕生の瞬間において、これほどの矛盾があるでしょうか。けれども、この有限な生を生きるために生まれてくることのなかに、きっと意味があるに違いありません。

五．形が生まれる

先に述べた身体として生まれるということは、人間の姿形が現れることです。ここでいう身体の形とは、一人ひとり違う人間の姿形をいうのではありません。人類という宗族がもっている共通した「根源のかたち」のことを指します。三木成夫氏は、他の生物、とりわけ哺乳類のなかでも特異な身体の形・形態をもって生まれることに、人間が人間として生き成長発達するための意味があることを教えてくれます。

生まれてきた赤ちゃんは、お母さんの乳房に吸いついて母乳をのみます。乳腺の位置は哺乳類によって違いますが、人間だけが胸に発達しています。このことは次のことを可能にします。動物界で人間だけが、母親の両腕に抱かれた状態で哺乳を行う。母親と赤ちゃんが顔を合わせ見つめあい、互いの存在を確認しあいながらの哺乳の姿は、人間にしかみられません。チンパンジーもこの姿に近いですが、人間はさらに、母乳をのむ我が子に向かって笑いかけ話しかけ……と発展していきます。

このように形とは単なる外的形式をいうのではなく、人間の姿形のなかに人間として生存している意味が内在しています。他にもたとえば、重力に抗して二本足で立ち頭が最も上位に保たれること、自由になる手を使って自分の意志を表現し道具を使うこと、細やかな動きが可能な咽頭——喉頭——口腔によって言語を発声すること……など。生きものの最も頂点にまで達した人間の姿形のなかに、人間にしか与えられていない能力や業《わざ》を可能にしているものをよみとることができます。

六．絆が生まれる

次は、赤ちゃんがいよいよお母さんの身体から分かれ（別れ）て生まれ出るときのことについてです。赤ちゃんは、お母さんの狭い産道を通ってこの世界に出てきます。産道では、一時的に窒息寸前の状態に陥るとさえいわれます。産道を通過中の赤ちゃんの心拍数は、通常時の半分以下におちることもあり酸欠状態になります（とくにお母さんが仰向けの姿勢での出産の場合）。お母さんの最後の腹圧で押し出されるようにして出てきた瞬間、気道や肺につまっていた羊水が絞り出され、それまでしぼんでいた胸郭が一気に広がって空気が入ります。狭い産道から一気に広い空間に出たとき、空をつかんでもがくようにいっぱいに腕を広げます。このあまりに危険にもみえる劇的な変化を、赤ちゃん自身は体内で大量のストレスホルモンを産生してたくましく乗り越えていきます[6]。

赤ちゃんにとっては、突然すべてが変わる。人生最初の第一呼吸で、二五億の小さな肺胞が膨らんで空気で満たされる。体内の血液の流れが変えられる。血液は肺に流れて全身へ送られ、酸素を自給自足しなければならない。光、音、におい、暖かさ、冷たさ、たくさんの刺激が赤ちゃんの感覚器に襲いかかる。赤ちゃんは、あの小さな身体でこんな大激変を乗り越えていくのですから、奇跡としかいえない生命力に満ちています[7]。

そしてこのとき、もっと大切なことが起こります。生まれた直後の赤ちゃんは、ストレスホルモンの働きで一時間ほど覚醒しています。この世に誕生してからの一時間が非常に重要な時間だといいます[8]。赤ちゃんはこの世で最初にお母さんと接触します。このとき、お母さんと赤ちゃんの最初の絆が生まれます。空をつかんでもがいていた赤ちゃんがお母さんの胸に抱かれ肌の暖かさを感じ、子宮のなかの懐かしい鼓動を聞いたときの安心感を想像してみてください。全身の感覚で世界を感じ取っています。

このとき赤ちゃんは無条件で受け入れられ、そこで生きていくことを祝福されている存在です。同時にお母さんも無条件で赤ちゃんに信頼され、与えることの喜びを実感します。この二人のこの世での最初の出会いは、誰にも侵すことのできない純粋で神聖な関係です。

残念ながら一時期、医療によって管理された産科病棟では、体重測定などの新生児検査や安全のために、赤ちゃんは生まれてすぐお母さんから引き離されてしまうことが当たり前になっていました。これについては、女性が原初からもっていた産む力を医師によって管理してしまった近代西洋医学のなかの産科学・産科医療のもつ「科学的管理主義」的側面から考えていく必要があります。そこで、ここまでは「生まれる」ということについて考えてきましたが、次は生む（産む）お母さんの方に足場をおいてみたいと思います。[9]

「生む（産む）」ということ

一．よみがえる出産　Birth Reborn

一人の女性が出産をするまでの道のりには、いろいろなことがあります。生まれてくる子どもの父親とどのように出会ったのか、どのように愛し合ったのか、生むことをどのように決め受けとめているのか。さらには、その女性が自分の父親・母親、生活世界との関係のなかで育くんできた男女関係や結婚・出産・子育てなどに関するイメージや価値観。ここでは、このようなことが織り込まれた人生を歩んできた女性が、子どもを出産するという人生の一局面に絞って考えてみます。

遠い昔から女性は、家のなかで女性同士（お産婆さんや年長女性）が助けあいながら命がけで子どもを生んできました。出産は、いのちが生まれるという自然が行う出来事だからこそ、時に危険が伴い一〇〇％安全ということはありません。けれども近代西洋医学のなかに産科学が誕生してからは、医師（ほとんどが男性）による医療行為の対象となりました。正常分娩では陣痛が始まると、産婦は分娩台の上に仰向けに寝かせられます。分娩直前には身動きできない状態で、モニターや点滴、麻酔が施しやすく、会陰切開、帝王切開や吸引分娩を手際よく行えるような体制が準備されます。それは、お母さんと赤ちゃんの生命にかかわるような異常が起ったときのために、一〇〇％安全を目指しているからです。この方法が産婦にとっても産科医にとっても当然となり、現在でも一般の人がイメージする出産の姿はこうであることが多いと思います。

けれども一九八〇年代に入り、「アクティヴ・バース」という考え方が登場してから、お産革命が起きています。『アクティヴ・バース』[10]を書いたジャネット・バラスカスは、次のように言っています。

この本を書いた私の主なねらいは、産婦を分娩台に仰向けに寝かせて両足を固定し、足を地につけることも、重力の助けを借りることもできない状態にしてしまったのは、産科学が犯した最大のあやまちの一つであると示すことです。女性の体は、このような状態で、効率的なお産ができるようにつくられてはいないのです。重力の助けなしには、骨盤は正しく開くことができません。また、子宮も効率的に収縮することができないのです。したがって、赤ちゃんも容易に下降できないのです。仰臥姿勢をとっていると、痛みが激しくなるので、鎮痛剤の需要が増加し、また子宮への血液の流れが抑えられて、胎児仮死を引き起こす可能性も高くなります。産婦は仰向けにされた甲虫のように力なく、ただじたばたともがいているばかりか、お産の進行もより難しいものになってしまいます。

このような姿からお産の主導権と責任を女性の手に取り戻すこと。これはお母さんたちが産科医、助産師とともに行う運動ともなっています。少し長くなりますが、産科医ミシェル・オダンの産科室の光景を紹介します(11)。

産婦は薄暗い小部屋の一角にある大型ベッドの上にいます。急に彼女がしゃがみ込みたいと思ったので、夫が後に回り彼女を支えました。あたりはとても静かです。病院の喧騒は遮断されています。……産婦は起き上がって歩き回り、収縮がくるたびに夫に寄りかかります。分娩第二期が始まると、彼女は立ったまま後ろ向きに夫に寄りかかり、膝を曲げて体重を床に落としました。赤ちゃんの娩出を助けるために、産道の周りの伸び縮みする筋肉を広く伸ばそうとしているのです。彼女はすっかり自分自身の行為に没頭しています。……それを邪魔するものは何もありません。何かが、彼女を周囲の世界から守っているかのようです。彼女は誰に教えてもらわなくても、どうすればいいのか自分でわかっています。体の中の胎児を産み出そうとしている大きなエネルギーのうねりとひとつに溶け合っているのです。

助産婦はかたわらで産婦を見守りながら、ときおり「そう、そうよ」とささやきます。突然、産婦は低いうめき声をもらしました。もう、赤ちゃんの頭の先が見えてきています。助産婦はまだ様子をうかがっているだけです。次の収縮で、産婦は叫び声を上げました。その声には驚き、喜び、苦しみ、達成感、そして恍惚感も入り混じっています。赤ちゃんの頭が、次に体全体が、広げられた布の上にすべり出てきました。お母さんは赤ちゃんを見つめ、ゆっくりと腰を落として、赤ちゃんを胸に抱きかかえます。「信じられない。泣かないでね。よしよし。いい子、いい子。うれしい！　ほんとうによかったわ！」彼女は何度も喜びの声を上げ、目には涙を浮かべています。夫は彼女を胸に抱きかかえながら口づけをします。彼は赤ちゃんの足にも口づけをし、……喜びと驚きに、彼のほほも涙でぬれています。彼らを妨げるものは、何もありません。

この場面に、まさに冒頭で述べた、お母さんが子どもを生むということのなかに、いのちが生まれる姿、「生む（産む）」と「生まれる」が同時におこる出来事が鮮明に現れています。

産婦は、おのずから体と心を解放し、重力と調和を保っています。子どもを生むことは、本能的な原初的深い感覚を呼び覚ます体験であり、そして実に人間的で、最も個人的な営みです。このとき産婦は、丸ごといのちを生み出す身体そのものになっており、産婦の身体のなかでもう一人のいのちとの言葉を超えた深い応答がなされています。このような営みを医療がコントロールしてしまってはいけないはずです。

二、在り方・生き方としての「生む（産む）」

どうして人間は、不自然なお産をする道をたどってしまったのでしょうか。文明化が進めば進むほど、産婦と胎児が他のすべての哺乳類と共通してもっている本能の力・自然の智慧が衰退していきました。反自然の道をたどった私たちは、医療科学という安全な手段を手に入れ、その絶大な効果をも知ってしまいました。逆戻りすることはできません。もちろん、お母さんや赤ちゃんの生命の危険にあたっては、医療科学の力を利用すべきです。現在のお産のあり方のなかには、文明・自然・科学・健康・医学・医療制度・自由・教育・男と女の関係のあり方、これらの問題が凝縮しています。個人的には、子どもを生むことは主体的生き方の選択であり、どのような出産をするかはその人の在り方・生き方の一つの現れともいえます。

絶大な力をもっている医療科学は、出生前診断をも可能とし、この世に生まれてくる前の赤ちゃんの状態まで知ることができます。今や出産に神秘などないのです。それがお母さんや人類を幸せにするというわけです。多くの情報があふれ、何をどこまで知ればいいのか信ずればいいのか、お母さんたちは不安になるばかりです。

『アクティヴ・バース』の訳者の一人である佐藤由美子さんは、次のように語っています。

　権威や制度に自分をあずけてしまうのではなく、ふつうの人である私たち一人一人が、自分の中に潜在する力を信じ、ますます花開かせていくことを願いながら、この本をみなさんに紹介したい。(12)

三、いのちが求めること

妊娠・出産のプロセスは、女性が、自分のもつ創造性・神秘性・歓喜に目覚め、大きな変容を遂げる可能性に満ちています。このような喜びの一方で、さまざまな障がいをもつ赤ちゃんを授かることもあります。また死産であったり、出産後すぐ赤ちゃんが亡くなったりすることもあります。これは、誰にでも起こりうることです。だからこそ、お母さんは「なぜ、わたしが。なぜ、わたしの赤ちゃんが」という苦悶に直面します。そのような試練が、なぜそのお母さんに与えられるのでしょうか。誰にもわかりません。「生む（産む）」ことは、お母さんにとってわが子を受け入れるとともに、生きていくための光を探す道のりの始まりとなります。私たちは、「生む」と「生まれる」が同時に起こる営みのなかに、人生の悲しみと喜びが隣り合わせにあることを知ります。

ただここで決して見失いたくないことは、いのちそのものは、すでに私たち人間の意図を超えた次元のものだということです。いのちは、人格や心身機能の次元を超えた存在です。ですからさまざまな障がいをもつ赤ちゃんもいのちの姿そのものです。そのいのちが、「わたしがあなたを（あなたたちを）選びました」というのだとしたら、いったいこの事態をどう受けとめればいいのでしょうか。いのち自身がその身体とお母さんを選んだというのです。

いのちがこの世に生まれるということのなかに、この世の価値観では計り知れないことが、この世にもたらされるといえないでしょうか。いのちがこの世に到来するということは、人智を超えた何らかの計らいがこの世に現れることだとしたら、その計らいとは、その赤ちゃんとお母さんのなかにこの世を超えた何か、その何かの偉大さ・高貴さが現れることに違いありません。その赤ちゃんと赤ちゃんが選んだお母さんのなかに、その家族のこの世での旅路のなかに、その何かを見いだすこと。この世に到来したいのちは、私たちすべてのものにそれを求めているように思えてなりません。

生まれる前の母の祈り(13)
どうぞ今　この子の魂が
あなたの意志のままに
あなたの世界から
私に授けられますように

生まれた後の母の祈り(14)
どうぞ今　この子の魂が
あなたの意志のままに
あなたの世界へ向かって
私に導かれて
生きていきますように

文　献

(1) 詳しく知りたい方は、多田富雄（一九九三）『免疫の意味論』青土社を参照されたい。
(2) 鮫島浩二（二〇〇三）『わたしがあなたを選びました』主婦の友社
(3) ルドルフ・シュタイナー（二〇〇五）『治療教育講義』高橋巌訳、ちくま学芸文庫、一一ページ
(4) 三木成夫（一九八三）『胎児の世界――人類の生命記憶』中公新書、（一九九二）『生命形態学』うぶすな書院、（一九九二）『海・

呼吸・古代形象』うぶすな書院

（5）http://ja.wikipedia.org/wiki　「グレゴリー・コルベール」のページ

（6）ＮＨＫ取材班（一九八九）『ＮＨＫサイエンススペシャル　驚異の小宇宙・人体一　生命誕生』日本放送出版協会、九〇ページ

（7）レナルト・ニルソン（一九九二）『レナルト・ニルソンの世界――誕生の神秘』坂元正一監修・訳、小学館、一五八～一六三ページ

（8）前掲書（6）一三一～一三三ページ

（9）産むことについては、生まれてくる子どもの父親である男性のことも当然視野に入れる必要がありますが、ここでは、紙幅の関係で母親に焦点をあてている。

（10）ジャネット・バラスカス（一九八八）『アクティヴ・バース』根岸悦子ほか二名訳、現代書館、二ページ

（11）ミシェル・オダン（一九九一）『バース・リボーン――よみがえる出産』久靖男監訳、現代書館、八～九ページ

（12）前掲書（10）、一四六ページ

（13）（14）ルドルフ・シュタイナー（二〇〇三）『子どもの教育――シュタイナーコレクション一』高橋巌訳、筑摩書房、一三一、一三二ページ

産む

体が体を越える

野沢 綾子

生きとし生けるもののつながり

予定より五日早い出産日。朝から微弱陣痛でうっすら出血があり、助産師に会いに行くと、七㎝も子宮口が開いていました。陣痛の間話せる内は初期段階と習った私は出産はまだ先だと踏んでいて、ベビーがその夜にも生まれてくると言われたとたん、ソファに座りこんでしまいました。心臓がバクバクして、本当に無事に生まれるのかと急に不安に襲われました。次にソファにどさっと座り込んできたのは、血の気を失った夫でした。

二〇〇一年、初産を迎えるにあたり、一年間大学院から休暇をとった私は、トロントからオタワへ引越しました。夫をはじめ、出産を支える最高のヘルス・チームを得て心身ともに出産準備は完了。いよいよ本番です。

オフィスで待っている内、ソファで横になりながら、亡き祖母がソファの横に座っている優しさを感じました。また亡き祖父が研究に行ったパプア・ニューギニアでのお産の写真がオフィスの壁にあり、祖父の魂も見守っているよと伝わってきました。そして母が、祖母が、何世代にも渡り、また国を越え、女性が、万物のメスが、産みの苦しみを乗り越えて子孫を産んだのだと、生きとし生けるもののつながりを感じ始めました。この万物の生きとし生けるものからサポートを受けていることを感じると、体の奥底から底知れぬ勇気が湧いてきました。

のざわ　あやこ／ドイツ・ドレスデン在住。ホリスティック・コネクション代表。教育学博士（ホリスティック教育）。著書『暮らしホリスティック―エコの国ドイツ・ドレスデン便り』（せせらぎ出版）他。クンダリーニ・ヨガ認定指導者。

不思議なイメージ

我が家に着くと、出産のステージごとに額の辺りにぼんっと次にすべきことのイメージが湧いてきました。まずイメージ通りにシャワーにとびこむと陣痛の痛みが和らぎました。次にイスの上で瞑想をしている図が浮かび、寝室のイスでヨガの呼吸法をしながら、森のCDをバックに自然の中でくつろぐイメージ・ワーク。

なぜこうするの？と考えようものなら、イメージはさらに大きくなって避けようがなくなり、従わざるを得ないのだと観念しました。あまりに静かで最初の頃はどのステージか全然わからなかったと後で助産師が言いました。私のプライバシーを保って、助産師は下の階で待機し、私はプロセスに集中。呼吸法はリラックスできてパニックを防げたばかりでなく、最後のいきみまで余力を蓄えられました。

次はプールのイメージ。夫がラベンダーのアロマとキャンドル・ライトを室内プールに用意していました。スパのようにリラックスした私は、助産師に「出産はレイバー（労働）よ」と言われ、外に出ました。破水がなく不安だった私に「自分の体を信じて」と励まし続けてくれました。トイレで大きなボールに体を預けている図が浮かび、不可解に思いながらも従うと、ぼんっと階下まで響き渡る音がして破水だ！と思いました。

ベッドでいきむイメージを得、ベッドに直行。あげる声でステージを判断し、それまでは時々胎児の心臓音をチェックしにきていた助産師も寝室に移動。いきむ感覚も徐々にこつが掴めてきました。夫に「腰を下に押すようにしてマッサージして！　もっと！　もっと！」と頼む私。助産師の「その調子！」「ベビーの頭が見えたよ」「もう少しで会えるよ」との声、指に感じた赤ちゃんの髪の毛の感触で、俄然やる気になりました。

最後はプールの図。赤ちゃんの頭が今にも出そうな状態で隣室のプールに移動です。助産師たちも器具を持って私の後についてきました。四つん這いでプールの脇に掴まりながら、ありったけの声。体の底からすごい力が沸いてきて怖さも遠慮も吹き飛び、痛みも痛みと感じられなくなりました。どうにでもなれという感じでうおーっという地の底からの呻き声、炎のような熱さとともに、股から頭がぽろんと出ました。さらに何回かいきむと、つるんと残りが出てきました。

脱力感でわけがわからない中、お湯から出た上半身にぬるぬるしたしわくちゃのベビーの重みを感じました。これが私の赤ちゃん？　信じられなさと、感じたことのない愛おしさと、安堵感とで、涙があふれ出ました。初の呼吸の音は出したものの、泣くこともなく、落ち着いてじーっと私の目を見つめている不思議な存在。深遠なる目でした。おっぱいをふがふがと探し、がぶっと吸いついたのを見て、何も教えないのにすごい……と私は感嘆し胸がいっぱい。夫も涙目。

その後、促されてしばらくいきんでみると、胎盤が出てきました。プールの中は血で真っ赤。終わった……。再びベッドでともに横になると得もいわれぬ至福の心地でした。朝の陣痛から半日がたっていました。

自分を越える女性の体

自分の体でありながらも自分以上の世界とつながっていて、体がひっぱがされるように強烈で、ここまで体に完璧に任せきった体験は初めてでした。女性がもって生まれたものは本当にすごいのだと生まれて初めて分かりました。出産後すーすーと息をしながら眠っている小さないのちの横で、こんな思いで生まれる子どもを他の母親から生まれる子どもに殺されたり、また殺したりというのは言語道断だと体全体で感じ取りました。世界にはこのような体験をする女性がいながら、指導者は大多数が男性というアンバランスさ。どおりで世界はおかしくなるなどと次から次へと考えが浮かび、興奮状態の私は助産師が血圧測定をする間話がとまりませんでした。感謝の気持ちでいっぱいで、助産師と抱きあってお礼を伝えました。そして世界の時間が止まったような不思議な空間で、新しいいのちの息吹を胸に感じながら私は深い眠りにつきました。「産む」体験は私を深く変えました。

呼吸する

存在の神秘へ

中川 吉晴

なかがわ　よしはる／トロント大学オンタリオ教育研究所修了（哲学博士）。立命館大学教授。日本ホリスティック教育協会事務局長。著書に『ホリスティック臨床教育学』（せせらぎ出版）、『気づきのホリスティック・アプローチ』（駿河台出版社）がある。

呼吸、それはあまりにも身近にあるため、とくに意識されることもなく、時として忘れ去られています。しかし呼吸は、存在の神秘を垣間見させてくれる深遠な教えの宝庫です。

呼吸は、私たちの生にぴったりと寄り添い、まるで人生を映し出す鏡のようです。あなたはいま浅い呼吸をしているでしょうか、深い呼吸をしているでしょうか。早い呼吸ですか。それとも、ゆったりしていますか。呼吸は、からだのどこから起こっているでしょうか。胸でしょうか、お腹でしょうか。呼吸に意識を向けてみると、このようなことに気づくことができますが、そこには何かしらの意味が隠されています。

あなたは、いま息をつめているでしょうか。呼吸を止めている自分に気づくでしょうか。何かに強く囚われていると、呼吸が止まり、からだが固くなります。息をつめているときには、何か手放せないことがあるのです。しかし、あごをゆるめて、息を吐きだすことができると、それを手放すことができます。自分をゆるめることができ、ありのままを肯定することができます。ためしに心のなかでノーを言いつづけてみると、息が苦しくなってくるはずです。

呼吸と生命

呼吸は命の誕生と結びついています。人は生まれると呼吸を始めます。この最初の呼吸がその後の呼吸にとって大きな意味をもつと言われています。たとえば産科医のルボワイエは、生まれたばかりの赤ちゃんに、あわてて呼吸をさせる必要はなく、むしろ最初の呼吸は、ゆっくり穏やかに始められるべきだと言いました。

浅い呼吸にはトラウマを覆い隠す役目があります。これに対し、呼吸を用いるブリージング・セラピー――リバーシングやホロトロピック・セラピー――では、強くて深い呼吸をつづけて行ないます。すると、忘れ去られていたトラウマ的な記憶や感情が甦ってきます。リバーシング（再誕生療法）では、最初の呼吸を生き直し、そこに結びついていた誕生のトラウマを解放しようとします。呼吸は一種の記憶装置なのです。

抑えられた浅い呼吸（制限された呼吸）は――これは私たちの通常の呼吸なのですが――感情や生命エネルギーを抑えることと結びついています。自分のエネルギーが低レベルだと感じるなら、呼吸がどうなっているかを調べてみるとよいでしょう。深い呼吸ができると、生命エネルギーを甦らせることができます。

意識的な呼吸法は、生命力を高めることにつながります。ヨーガでは、独特の呼吸法がプラーナヤーマと呼ばれ、それによってプラーナ、すなわち生命エネルギーが高められます。日本にも丹田呼吸法のような伝統があります。

瞑想と呼吸

瞑想の基本は、呼吸を見つめることです。たとえば、鼻を出入りする息の流れや、呼吸とともに生じるお腹の膨らみや凹みを感じ取り、そこに注意をとどめておきます。これはブッダが教えたという、アーナーパーナサティ、ありのままの呼吸への気づきと呼ばれる瞑想です。

呼吸の流れを観察していると、それと同時に、想念がうすれていきます。ふだん私たちの意識は想念に巻き込まれていますが、注意を呼吸へとどめておくと、想念は支配的な位置から退いていきます。

そして、いま起こっている呼吸とともに、自分がいまここに存在していることが実感できるようになります。さらに自分の内側に、やすらぎと静かな喜びにみちた空間が広がっていきます。

生死を超える

呼吸が尽きるとき、命も終わりをむかえます。しかし、呼吸の教えは、命の終わりとともに終わるものではありません。呼吸は、終わりなき永遠の存在へとつうじる通路でもあります。

呼吸を観察していると、内なる気づきの空間が広がっていきます。気づきが確立されると、生と死を超えた次元が開かれてきます。あらゆる生滅するものは、気づきというスクリーンのうえに映し出される映像のようなものです。ふだん私たちはその映像のなかにはまり込んでいるのですが、真の存在はスクリーンのほうです。映像は移り変わりますが、スクリーンはそこにとどまっています。気づきのなかで人生は流れ去っていきますが、気づきは変化しません。

その気づきから、限りない純粋な意識の世界が開かれていきます。インドでは、至高の次元をサット・チット・アーナンダ（存在・意識・至福）という三つの言葉で呼んでいます。呼吸によって開かれる次元は、まさしく真の存在、無限な純粋意識、そして至福です。呼吸は、生死を超えた世界へいたる直接の通路なのです。呼吸の教えの核心は、ここにあると思います。

文献

井上ウィマラ（二〇〇五）『呼吸による気づきの教え——パーリ原典「アーナーパーナサティ・スッタ」詳解』佼成出版社

ゲイ・ヘンドリックス（一九九六）『〈気づき〉の呼吸法』上野圭一監修・鈴木純子訳、春秋社

中川吉晴（二〇〇七）『気づきのホリスティック・アプローチ』駿河台出版社

フレデリック・ルボワイエ（一九九一）『暴力なき出産』中川吉晴訳、アニマ2001

マイケル・スカイ（一九九三）『ブリージング・セラピー』高橋裕子訳、ヴォイス

ラリー・ローゼンバーグ（二〇〇一）『呼吸による癒し——実践ヴィパッサナー瞑想』井上ウィマラ訳、春秋社

育てる

テリトリーを作り直す

児玉　真由美

こだま　まゆみ／五〇歳を過ぎ、マルティン・ブーバーを勉強したいという夢を果たすべく、修士を卒業しました。研究したことを、関わる福祉施設などでの日常や社会で、いかに体現しつつ深めていくかが、新たな課題となりました。

母の卒業

「たくさん伝えてもらったから、お母さんであることを卒業していいよ」。娘が一七歳の頃、そう言い渡されました。突拍子もない宣言ですが、私には予感がありました。二人で歩いているとき、どこからか「カタン」と音が聞こえた気がしたのです。娘が一つ人生の階段を上がったのだろうと、おぼろげながら理解しました。

高校に入り、将来のことを考える時期、彼女は歌を歌って生きていきたいと言い出しました。目指す音楽の方向はわかっていたので、音楽に関わる、私の信頼できる知人を彼女に紹介しました。そこから彼女と音楽の日々が徐々に明確な形を取り始めました。歩んでいく方向が見えてきたころ、ふと口をついて出たのが冒頭の言葉だったのだろうと思います。

「卒業」と言われてすぐ「はい、そうですか」とはもちろんいきません。心配なことは山ほどありました。彼女がどんな壁にぶつかっているのかは見えていましたし、相談にも乗っていました。人間関係も想像できる範囲のなかにいました。いわば、私のテリトリーの中で彼女は過ごしていたと言えます。それから二年ほど経ったころ、彼女は「自分で人間関係を作っていかなければいけない」と言い始め、自分から出会いを求め、彼女自身の世界を作り始めました。その時、もう一度「カタン」とはっきり私には聞こえました。

テリトリーを作り直す

「私」のテリトリーには「私」の世界観や物語が存在します。その中で子どもを育てるのは「押し付け」ではないのかと考えていた時期が私にはありました。でも、もし伝えられるものがあるとすれば、それはむしろその「テリトリー」ではないだろうかと考えるようになったのです。親は自分のテリトリーを明け渡し、そこで子どもは仮の世界観や物語を形作ります。新たな出会いを求めて子どもはそのテリトリーを出て、世界観や物語を受け取りつつ、作り直していくのではないでしょうか。

「育ててくれと頼んだ覚えはない」とか「産んでくれと言ったわけではない」とか、子どもと親がもめる場面ではよく耳にします。育てられることと産まれることは、はたして受動的なだけなのでしょうか。あるいは「育てる」ことは能動的なだけでしょうか。今、言おうとしていることは、「育てさせてもらう」とか「この親のところに産まれてくることが必然だった」という意味ではありません。子どもがお腹の中にいるとき母子は一体であると同時に体内に異質な存在があります。産まれた時には喜びと同時に、どう扱えばいいのか、育てればいいのかと戸惑うのも本当です。「一体であること」と「異質なものとの共存」が同時に行われているように思われます。産まれ出てきた存在を慈しみつつも、苦も無く、迷いも無く育てられるわけではありません。親にとっては「愛する我が子」であると同時に「どこからかやってきた異質な存在」です。能動的であると同時に受動的でもあると思われます。赤ん坊も生れ落ちるとすぐに関係を求めます。自らの意志で生まれたわけではないかもしれませんが、抱くと安心したり、おっぱいを求めたりという関係のなかに入ろうとします。受動的で能動的です。この異質な出会いで親も子も育っていきます。

親は「私」のテリトリーに異質な存在が入りこむことに迷いつつも、愛する我が子にそのテリトリーを明け渡します。子どもは、時に押し付けを感じながらも出会いを求めています。お互いの受動と能動の緊張のなかで、子どもが仮の世界観や物語をつくっていくという、社会に巣立つまでの猶予期間が与えられているように思えます。猶予期間を終えるまでが「育てる」ことの最初のページで、その次からはテリトリーを作り直した我が子との新たな出会いを育てるページが始まるのかもしれません。

娘に子どもが産まれました。そこにまた、テリトリーを明け渡す物語が紡がれていきます。一人ひとりが、どのように瞬間を生きてきたかが、ずっと伝えられていくように感じられます。

ずいぶん遅くなった息子の「カタン」がかすかに聞こえてきました。

2章　食べ、料理し、笑い、泣く

食べる

食べたもので私はできている

金 香百合

きむ かゆり／日本ホリスティック教育協会代表。ホリスティック教育実践研究所所長。大阪女子大学大学院（社会人間学専攻）修了。「自尊感情とエンパワー」を軸に、人間と社会の多様な問題に実践家として関わる。DVなどの暴力に被害者・加害者の両面から取り組む。

はじめに……食べることの原風景

人間にとって、極めて大切なことのひとつは「食べる」ことです。食べなければ、生きることができません。このあまりにも大切な動詞について書く機会を与えられ、光栄です。一方で緊張もあります。食べることについての考えは、専門家でも非専門家でも、誰もがもっていることでしょうし、そもそも誰もが毎日それをしている、という点では「自分の食」の当事者であり、専門家であります。また現在は、食育関係の取組みもあらゆるレベルで広がっています。そのような状況の中で、食育や栄養学の専門家でもなく、食べることに強い執着がある食いしん坊というわけでもない私が、この重要なキーワードを担当して本当によいのだろうかという気おくれがあります。ここでは、食べることをめぐっての私の小さな体験から書いてみたいと思います。

一．子ども時代の食卓　――食べることは楽しいこと

私が子ども時代をすごしたのは、昭和三〇年代（一九六〇年代前後）の大阪の下町です。小さな借家で縫製業を営む家内工業のはしりでした。子ども六人を含めて、父母に若い職人さんたちが同居していました。食事の時間には丸い大きなちゃぶ台にみんなが揃って、大皿に盛りつけられたおかずを、いい塩梅《あんばい》に分け合いながらにぎやかなことでした。好き嫌いを言うと「野菜を食べるとかしこい子になる」と毎度同じことを言われ、おはしの持ち方が違っていたり、ひじをついたりすると、そのたびに、大人たちに注意されました。それでも、食事の時間は楽しく、うれしく、待ち焦がれる思いでした。外での遊びに時間を忘れて走り回り、気がつけば、夕暮れになっていて、あちこちの家から漂う夕餉のおかずのにおいに、これから始まる夜の時間、家族の時間を感じました。

私の一日は学校での第一部、放課後の広っぱでの遊び時間の第二部、そして家族とすごす夜の第三部で成り立っていて、毎日、このくりかえしの中に「子どもの暮らし」がありました。手作りのおやつ、という文化は我が家になかったので、昼間のおやつはもっぱら、駄菓子屋さんでの買い食いでした。少ないお小遣いをやりくりしながら、駄菓子屋さんは子どもたちの社交場でもありました。夜は、大人も子どもも含めてのお茶の時間があり、買ってきたお菓子や果物、急須でいれた日本茶や紅茶がありました。おしゃべりな姉が三人もおりましたので、食べる時間はにぎやかなおしゃべりの時間でもありました。ゲームもケータイもない時代のごくありふれた家族のケの日の風景でした。

ハレの日の祭りや正月、クリスマスや誕生日ともなると、それにふさわしい食べ物が用意され、それはまた、待ち遠しく楽しみなことでした。たくさんの人が集い、分かち合いながら、語らいながら食べることは、

当たり前のこと。今思えば、なんとも幸せな子ども時代であったと思います。「食べることは楽しいことだ」と体感していた毎日でした。

日本の高度経済成長が始まり、そうした食生活のありようがどんどんと激変していくことを予想もしていませんでした。

二．仕事で出会った「食生活を考える会」——食べることは生き方である

大学を卒業して、一九八〇年にNGO団体の大阪YWCAに就職しました。いくつものプロジェクトや委員会を担当しましたが、そのひとつに「食生活を考える会」がありました。その当時の私にとっては、見るもの聴くもの、すべてが初めてでした。玄米菜食、無農薬野菜、無添加食品、有機農業。物質文明の問い直し、公害、原子力発電所の危険性、環境破壊の現実。この会のリーダーをしておられたのは、故松井義子さん。深い愛と思いやりが笑顔となってあふれ出ている人でした。松井さんは、この会の運営と並行して大切なライフワークをもっておられました。それは反戦平和の運動への参画でした。「在韓被爆者を救援する市民の会」の発起人であり、代表でもありました。強さとやさしさ、信念と柔軟さやユーモアが抜群のバランスで松井さんの中に共存していました。「食べ方は生き方である」と学ばされた大切な出会いでした。

三．森のイスキアから——食べることは癒されることである

一九九五年阪神大震災を契機に、被災者のための「こころのケア・ネットワーク」を立ち上げました。救援活動の毎日は、当然ながら心身消耗するものでした。その日々の中で、誘われて映画「ガイア・シンフォ

ニー第二楽章」を観ました。映画館の座席に身を沈めるなり、眠りこけてしまった私が、目をさました場面がありました。そこにはふっくらとおいしいおむすびを握る佐藤初女さんの姿がありました。青森県弘前市に「森のイスキア」という場をつくられ、悩みや傷つきをもった人が各地から訪れ、そこでの食事を通して癒されていく様子が描かれていました。佐藤さんが丹精こめて梅を干す手作業の場面は、何度思い出しても、唾が湧き上がるほどでした。いつか訪れたいと願った森のイスキアに、一〇年以上もたってから、青森の親友たちと行くことができたときの感激は今でも忘れられません。「食べることは癒されることでもある」と学ばされたときでした。

四．韓国ドラマ「チャングム」から――食は人生そのものである

二〇〇〇年代に韓流ブームが起こりました。韓国TV純愛ドラマ「冬のソナタ」に続いて人間ドラマ「宮廷女官チャングムの誓い」が大ヒットしました。チャングムという女性主人公が、宮廷で王様の料理人の頂点を目指す物語です（後半は医女を目指します）。食べるもの、口に入れるものは薬と同じと考える「薬食同源」の思想が随所に生かされ、いろいろな視点で考えることの多い内容です。親子関係、師弟関係、友人関係、夫婦関係、差別や嫉妬、使命と仕事、などなど。濃密な人間関係を描くストーリー展開の中で、中軸でもあり、気分転換にもなるのが料理場での調理場面です。五感を刺激される、軽快な包丁さばき、さまざまにリズミカルな音、いいにおいまでしてくるような気がします。私もこのドラマにはまって、「あなたのチャングム度バランスシート（①夢・信念・スピリチュアリティ②人間力〈家族・友人・師匠・ライバル・恋人〉③仕事・勉強力④問題解決・回復力⑤心身のバランス・統合力、の五つの要素から自分をみつめてみる内容です）」

を考案しました。「食は人生そのもの」と痛感させられました。

五．ごはん食べた？　――食べることは関わること、愛することである

私の母は人が訪ねてくると必ず「ごはん食べたか？」と訊きました。大正一三年生まれの、貧しい時代を生きてきた在日女性の母にとって、その人を大切に思う気持ちがそう質問させたのでしょう。人をみたら放っておけない母の生き方の中で、関わりの最初は、いつも「ごはん食べた？」と問いかけることだったのです。その人を思い、その人を案じる気持ちから、何はなくとも、まずはごはんとつけもので、ねぎらうのが母の関わり方でした。

また、母は朝から晩まで仕事をして六人の子どもを女手ひとつで育ててくれました。その母が、どんなに忙しくとも、中学生の弟たちのお弁当を毎日つくっていたことを思い出します。お弁当箱に詰め込まれた、母の愛情をどれだけ弟たちがわかっていたかは知る由もありません。食べることは関わることであり、愛することであると教えられました。

六．食事ボランティア　――食べることはコミュニケーション

二〇代の頃、病院に入院中のＡＬＳ（筋萎縮性側索硬化症）の人の朝食を介助するボランティアをしたことがあります。四〇代の女性の方でした。この病気を発症して、重篤な筋肉の委縮と筋力の低下がおこり、呼吸さえ困難な状況になっていかれたのでした。口から食べること、それがその方の願いであり、回復への希望でした。昼と夜の食事は家族が介助されていましたが、時間の早い朝食に付き添うことができないので、

病院の紹介でボランティアが募られました。私たちは四人ほどの仲間と交代しながら、彼女の朝食を介助したのでした。数ヵ月も経たない間に、時間をかけても口から飲みこむことが困難になってきました。私たちは、それでもそこに通い、彼女となんらかのコミュニケーションをすることを自分たちの役割としました。日に日に痩せ衰えていくその方は、半年ほどたったころ、亡くなられました。

彼女とともに過ごした時間はとても短いものなのに、忘れがたい思い出となりました。生と死と、その間にある食べること。それは自己とのコミュニケーションでもあり、他者とのコミュニケーションでもありました。

七．脳こうそくで倒れた母の一〇年から――食欲は生きる意欲

ボランティアではありませんが、脳こうそくで倒れた母を一〇年にわたって介護しています。倒れた直後は意識不明でチューブでの栄養摂取の時期が半年あまりありました。奇跡的に意識をとりもどし、さまざまなリハビリが始まりました。その中でも嚥下《えんげ》困難をリハビリする中で、素人の私でも目をみはるような回復が起こっていきました。重湯が飲みこめるようになり、ゼリーが飲みこめるようになり、液体が飲みこめるようになり。少し噛むことができるようになっていくと脳がさえてくるのか、発語ができてきて、車いすの上で、自分の体位を保持することができるようになり。口から食べることが生きる意欲の根源だとおもわされたことでした。

医療の世界では、終末期の患者に胃瘻《いろう》をつけることの是非をめぐってさまざまな意見があります。科学の進歩はまた一つ、悩ましい問いを私たちに投げかけています。

食生活で私が大切に思っていること

一、からだの栄養、こころの栄養　——金香百合の自尊感情栄養理論

私は日頃は、自尊感情（セルフエスティーム）というものを軸に、人間が幸せに元気に生きる道筋を考えています。自尊感情とは、自分を好きだ、大切だと思う気持ちです。自分を欠点や失敗も含めて大切に思える気持ち、そしてそれが他者をも大切に思える気持ちに発展していきます。私の定義では、「自尊感情とは、人とのつながり・関わりの中で養われる自他を尊重できる気持ち」のことです。この自尊感情を育むために必要なものが、「からだの栄養」と「こころの栄養」なのです。からだの栄養とは、①睡眠②食べる③運動④排泄からなっています。しかも、この四つはすべてつながってもいます。

よく動き、よく食べるから、よく眠れて、よく排泄します。こころの栄養とは①安心・安全な居場所②人間として大切にされている③関心を持たれている④聴いてもらっている⑤ほめられ⑥認められ⑦信じてもらい⑧感謝され⑨まるごと受容され⑩笑顔の中で生活していることです。

現在は、子どもも大人も、からだの栄養もこころの栄養もバランスを崩しがちです。これを総合的に立て直していくためにできる具体的な方法のひとつが「よく食べる」ことです。

よく食べるとは、どのようなことでしょうか。「人間的なものを、人間的な時間に、人間的なバランスで、感謝や笑顔の中でいただくこと」です。

二．ホリスティックなキーワードを通して考える

① リズム

人間は食事によって、生活のリズムをとっているので、食事の時間があまりにもバラバラであるのは、リズムのくずれになります。私自身、朝には朝ごはん、昼には、遅くとも二時くらいまでに昼ごはん、夜ごはんは八時くらいまでにいただくことを目安にしています。

夜型生活になっているので、残業から帰宅して、塾から帰宅して深夜に夕食をとる生活が、かえってからだへの負担になっていることもあります。消化する時間を考えると、睡眠時間の四、五時間前には夕食をとることが、よい睡眠のためにも必要なのです。

② 楽しく

食事時間は、喜びと感謝の中で楽しいものであることを願っている私ですが、子どもの食生活は、何かをし「ながら食事」でからだとこころがバラバラ状態の中にあることがよくあります。また、その時間に保護者が説教したり、小言を言うことが多いと、食事そのものが苦痛な時間とさえなっていくこともあります。人とともに食事をすること、そしてそのことを楽しむこと、そんなことが実現していない「孤独な孤食」「自分だけの個食」「マンネリの中の固食」がおこっています。

③ バランス

栄養のバランスもさることながら、食べる量のバランスも大切なことです。食べすぎて過食になり、食べ

なさすぎて拒食になり、摂食障害になることもしばしばあります。アメリカやオーストラリアでおこっている「肥満」という問題はスタイルの良しあしの問題ではなく、現代の病いのひとつです。

④ 食材

グローバル経済の中で生きる私たちにとって、食糧自給の問題は切実な問題です。日本の農業・漁業を支えているのは、七〇代前後の人々ですから、このままいくと一〇年もたたないうちに立ち行かなくなってしまいます。安全で安心な食材を、地産地消で循環させいくことが本当に大変困難な時代です。でも、食べることなしには生きてゆけない私たちだからこそ、農林漁業の第一次産業の包括的な立て直しが急務です。輸入冷凍食品の安全性が非常に問われ、「買ってはいけない」「食べてはいけない」本がつぎつぎベストセラーになっています。私たちは薬食同源どころか、口にするものが毒である、という悲しい現実にさらされています。

⑤ 調理

かつて、親から子へ、子から孫へと伝えられた家庭の味も、今ではすっかりとインスタント食品にとって代わられつつあります。お正月の伝統的なおせち料理もどんどんと既製品になっています。食べることをともにする、と同時に、料理をつくることをともにする、ということの大事さも見落とすことができません。

料理上手な人たちをみていると、てまひまかけることを惜しまない、という共通点をみつけます。おいしいものを、家庭でおいしくいただくための、料理の腕前が子どもの頃から磨かれていたりすることに感動することもあります。

生きることの基本として、食べることを親や大人から学び身につけていくことに親からの愛情を思います。

⑥ 季節や行事

かつての日本はなにごとも自然との調和の中で暮らしていました。食生活はその最たるもののひとつです。四季折々の美しくおいしいものが、工夫されて食卓を彩ります。また、年中行事の中では必ず、それにふさわしく整えられたお料理があり、生活を豊かにしているものでした。

そして、それらの多くは、本来、人間が口にする前には、必ず、神棚や仏様に供えられるものでもありました。

食生活の習慣の真ん中に神様、仏様、八百万の神、スピリチュアルなものが鎮座していました。そして両手を合わせて、「（いのちを）いただきます」という感謝の言葉が食事のたびに口にされるのでした。

食べたもので私はできている

「食べる」をいろいろ考えると、結局のところ、「食べたもので私はできている」、という事実にたどり着きます。

母体の中にいた胎児の頃から、人間は食べたもの自分自身を維持してきたのです。

ひるがえってみると、現代の食べるは、あまりにも案じられる状況にあります。

一．子どもの食生活への危惧

子どもの食生活が本当に危険な状況になっています。だからこそ今、食育ということが盛んにいわれるのでしょう。コンビニエンスストアやファーストフードの広がりと共に、また家庭や社会の変化をもろに受けて、子どもの食卓が「コショク」と言われます。孤独にひとりで食べる「孤食」、ファーストフードなど、季節に関係なく固定したものを食べる「固食」、みんなといても分かち合うことなく、自分の好き嫌いだけで食べる「個食」、ジャンクフードなどの食べ過ぎから、食事をあまりとらない「小食」。

この「コショク」時代に、「共食（トモショク）」を実践することが大事だと思います。共に食べる、共に分けあう、共に笑い、共に語る、そんな食卓を子どもの生活の中に取り戻したいと思います。血縁家族を超えて、食事を共にすることを日々の暗いの中で実践していく必要があると思います。

二．大人の食生活への危惧

子どもの食生活が大変な状況になっているのと同時に、一般成人や高齢者のそれも、切ないほどに崩壊していきつつある我々の時代です。

飽食とグルメの中で生活習慣病が広がり、その対極では、貧困と飢えの中にいる人々の層も急速に拡大しています。また家庭の経済状況が苦しいほど、逆に肥満度が高まるという研究もあります。いかにして、適切で、よい塩梅の食生活をいうものを私たちは再構築していくことができるのでしょうか。

三．グローバル時代の食生活

食べることをめぐるグローバル経済の問題も大変に重要で深刻です。国内の農林漁業の第一次産業が瀕死の状況にあります。そのことを抜本的に取り組むことなくきてしまった日本の食卓は外国産食材によって成立しているといって過言ではありません。

視点を変えれば、外国の食糧を財力にものをいわせて買い占めている加害者でもあり、また、逆に国際政治経済のパワーゲームの中で、国内の農業をないがしろにされていった被害者でもあるかもしれません。

実際、日本の食糧自給率は目を覆うほどに急激に低くなっています。「地産地消」を実践する運動は、食べることの本質にかかわる重要な問題です。

四．食べたもので私はできている　——未来へむけて

私は、今日まで食べたものでできています。

これからも食べたものによって、私でありつづけていきます。

食べることは私自身なのです。

料理する

ホリスティック・クッキング

平野　慶次

ひらの　よしつぐ／日本ホリスティック教育協会副代表。現在休止中の「もうひとつの学び場」を主宰。二三歳から九歳までの七児の父であり、くらしのなかから〈子ども時代〉のアライアンスを視野に入れ、新しい場づくりを模索中。

「お料理する」とは?

通常「お料理する」というとプロの料理人でなければ、同居人の家族の食事を準備することか、自分自身の食事の準備をすることを意味するでしょう。いずれにせよ作る人がいて、食べる人がいる、という関係があるのが前提と言ってもよいように思います。この関係性を良好に保つには、作る人が、食べる人の立場で考えるという作業が必要です。そして、食べる人も、作る人の気持ちの使い方を味わうことが、この関係性をインタラクティブ(相互的)なものにするのに必要だと思います。この関係性が、食卓を囲む人間のありように大きな影響を与えるので大切にしています。

お料理の方法の基本には、そのままの状態で食べる以外に大雑把に考えると「炒める」「煮る」「焼く」「蒸す」「和える」「漬け込む」の六つの方法があります。同じ食材を用いてもこの方法の選択によってずいぶん違うものに仕上がります。方法や手順の選択は、とても論理的に組み立てられているので、知らないお料理でも完成のイメージと味を頼りに組み立てることができます。経験を重ねることで、火の通りやすい素材と通りにくい素材の区別がつくようになります。冷えてからでは、味のしみ具合が違うこと、あるいは固くなるような素材も理解できるでしょう。後は、創意工夫とセンスを磨くことが肝要だろうと思います。そのためには、ある程度他人のお料理を食べることもヒントになりますし、インスパイヤーされることもあるでしょう。そうしている内にわたしのお料理の世界もできてきました。

「素材依存的」なお料理

素材の良し悪しは、お料理の出来不出来に大いに関わります。素材の状態がベストなら、たいていのものは、美味しくいただけるのが当然ですが、少しの手間をかけてさらに美味しくいただけるようにと考えます。お野菜で新鮮なものは、塩揉みして、しんなりしたら甘酢と合わせたり、ちりめんじゃこを組み合わせたり、もどした海藻を合わせたり、と、いろんなバリエーションを作ることができます。新鮮な魚介類の場合、お酒をふってから、昆布出汁でさっと煮て塩だけで味付けしたりもします。オリーブ油や香辛料と合わせてイタリアンにもできます。昨今流行した蒸し料理も、酒蒸し、ワイン蒸し、オイル蒸しといろいろできます。よい素材があるとわくわくしますが、いつでもというわけにはいきません。こだわりがつのり過ぎるとお料理が素材依存的になります。そうなるとお料理は、生活技術ではなく、趣味の領域へと移行するでしょう。

傷みのあるお野菜などとても安いこともありますし、わたしはよく使います。もっぱら加熱調理に使いますが、それでも素材の持ち味を活かせるように考えます。同じような素材を用いて、同じような調味料を使っていても結果は、さまざまな状態になります。

最近の進化したガスのセンサー・コンロやＩＨコンロなどでは温度コントロールもかなりの程度自在にできますし、専用の鍋でご飯の自動炊きなども実現できています。ソフト面の改良が進めば、「肉じゃが」などの自動調理も可能になりそうです。実際に自動調理器（ロボシェフ、ロボシャリ、すーぷじまんなど）も販売されています。こうしたものを利用すると一定の水準は満たしてくれるものの均質化されたインスタント食品と変わらない世界に移行しそうです。お料理は、できるだけ自分のコントロールで独自の世界を構築したいものです。

「まるごと」お料理する

ホリスティック・クッキングというブログを二〇〇九年から書いていますが、基本的コンセプトは、「可能な限り素材をまるごとお料理すること」「バランスのよい食事を実現すること」の二点です。たとえば大根。実は煮たりおろしたり、皮は千切りにして炒めものに、葉の部分も炒めものやお漬物にと部位によって使い分け全部使います。

バランスという考え方ですが、栄養的なバランスというと知識の蓄積と経験が必要で面倒に感じられる方もおありと思います。実際にカロリーの帳尻を合わせるだけの学校給食などに対する批判もあります。それよりも大切なことは、食卓をトータル・コーディネートするという感覚や季節感を磨くことだろうと思います。できれば組み合わせる素材の種類を、八種類以上にしたいと考えています。中華料理に八宝菜という定番があることは示唆的だと思います。八種類以上を組み合わせるとたいていのお料理は美味しくなりますし、彩りも勘案しながら素材を組み合わせるともうバランスにこだわる必要もないだろうと考えています。

このような工夫をしていても季節の素材には、どうしても偏りがあります。たとえば、春にはタケノコ料理の頻度が高くなります。季節の素材はふんだんに取り込んで使いたいとも思いますし、旬の素材は基本的に安いです。調理の仕方で幾通りにでも使い分けができますから、通年あるお野菜などと組み合わせながら組み立てていければよいでしょう。日常生活の中でこうした工夫を重ねることが文化を形成することにもつながるのではないでしょうか。

参　考
ブログ　http://ameblo.jp/yoshi-hira/
幕内秀夫（二〇〇九）『変な給食』ブックマン社
青木敦子（二〇〇九）『食材を使い切るのがおもしろくなる本』扶桑社文庫

笑う
つながりあう笑い

西田　千寿子

にしだ　ちずこ／公立小学校教諭。海の見える学校に勤務。子どもの感性をはぐくむネットワーク代表。フレンズプログラム、アドバンズドトレーナー。発達障がいがある子どもたちの支援ができるようにエキストラレッスンの指導者の資格を取得中。

さまざまな笑い

微笑み・談笑・朗笑・照れ笑い・苦笑い・薄ら笑い・冷笑・嘲笑など、他にもたくさんの笑い方があります。この笑いを大きく二つに分けることができると思います。人を元気にする笑いとそうでない笑いです。

最近、後者の笑いが増えているように思います。多くのテレビ番組では、人ができないことを周りの者が笑うという、嘲笑がよく見られます。このような時には、笑う側と笑われる側に分かれています。嘲笑された人は、表向きは一緒に笑っているようにみえても、心閉ざし、物事を否定的に捉え、人を信頼する力が弱くなり、元気もなくなってきます。この嘲笑は、相手と自分の違いを見つけ、自分と相手との関係を切り離すものです。また、一人のことを大勢で笑うということは、希薄な関係性の中で仲間意識を強めようとしているいじめ問題と同じような構図もみられます。

笑うことで

声を上げて楽しく笑わなくても、人の心をつないでいく笑いがあります。国語教師、故大村はま先生は、授業の前に鏡に向かって自分の微笑みを確認してから教室に向かわれたそうです。あたたかなまなざしの微笑で子どもたちをつつみこんでから、一人ひとりの力に応じた単元学習が展開されていったのでしょう。言葉は交わさなくてもあたたかな微笑があれば、そこにも安心感や信頼

感が生まれてくるのです。

笑うことによって、対立していたものが一つになり、心が和らいだ例を紹介します。

四年生の国語の授業で意見が対立したことがありました。子どもたち同士で話し合いを進めていく中で、論述に長けたA君たちのグループが自分の意見を主張することだけに集中してしまい、他の友だちの意見を受け入れることが難しくなってしまいました。「自分たちの意見に固執していませんか？」と問いかけたところ、ほとんどの子どもが「固執」の意味が分からず「コシツって何ですか？」という質問がおこりました。その時、B君が「ぼく知ってるいるよ。おばあちゃんが入院していたから。病院の個室のことやなあ？」というつぶやきを入れたのです。緊張していた教室の空気は和らぎ温かな笑いがこぼれ、後の話し合いもスムーズに流れたのでした。授業後のA君の振り返りシートには「B君がみんなを笑わせてくれたのでよかったです。雰囲気が変わって自分の意見を強く言い過ぎたことがわかりました。自分の考えを変えることも大切だと思いました」と書いてありました。相手の意見を否定しようと躍起になっていましたが、クラス全員で一緒に笑うという中で大きく成長したA君の姿を見ることができました。ともに笑うことで、クラスの友だちとつながったとき、固くなっていた心が和らぎ、論述の鎧をぬぎ自分のことを冷静に見つめ、バランスを取り戻したのだと思います。ともに笑いあうなかでは安心感を得ることができ、自分の存在も肯定的にとらえることができます。だから、A君は自分の考えを変えることができたのだと思います。

笑いを支えたものは

時には、B君のつぶやきは冷笑や嘲笑につながる場合もあります。人を馬鹿にするような笑いにならずに、学級全体が温かくなるような笑いになるためには、人と人との関係性があります。

正解しか認めない関係、能力重視の関係、損得の関係、ストレスがたまっている関係では、B君のつぶやきは「ちゃんと聞いていたのか。その話は関係ないだろう」という攻撃の言い方をされてもしかたありません。しかし、この学年はお互い同士が認め合える安心・安定した関係がありました。一人ひとりが、一人ひとりの持ち味を認め合っていました。何を言っても大丈夫だという空気は、学級全体に流れていたと思います。

笑いは緊迫した関係を解きほぐしますが、そのような温かな笑いを生み出す関係も必要なのでしょう。冷たい笑いにあふれている今日の社会は、社会の関係の冷たさを映し出しているのかもしれません。

あたたかな笑いを

どんな小さな事でも笑うと表情が明るくなります。ともに笑うと場がやわらぎ、心がほぐれ、さまざまなことも受けいれやすくなります。そして、心が豊かになり元気が出てきます。笑うと、脳を活性化し免疫力を高め、人を元気にさせていくことが生理学的にも証明されてきました。

「笑う」という語源には、「花が咲く」という意味もふくまれています。笑う—笑われる関係ではなく、ともに笑う関係が花の咲くような笑いのように思えます。うれしいとき、楽しいとき、満足したときに出てくる笑いは、まさに蕾が膨らみ花開くような笑いです。

大きな声で笑うことも素敵なことですが、元気が出てくる笑いなのか、元気を奪う笑いなのかをみつけることも大切です。元気を奪う笑いをしている人たちにこそ、人と人をつなぐことのできる笑い、あたたかなまなざしでつつみこめる笑い、和らいだ心で自分らしさに気づかせてくれる笑いが必要なのかもしれません。

自分だけが笑うのではなく、相手も自分もともに笑うことができる笑いがあふれますように。そして、緊張した社会が少しずつほぐれて和んでいきますように。

泣く

感動によるカタルシス

今井 重孝

いまい しげたか／青山学院大学教育人間科学部教員。ルーマンのシステム論や現象学的な見方とシュタイナーの教育学を結びつけることにより命の通ったホリスティックな教育学が生みだされるのではないかと考えている。

ひとはなぜ泣くのか

ひとはなぜ貴重な時間とお金を費やしてまで悲劇を見たり読んだりしようとするのでしょうか？　わざわざ泣くことに何か意味があるのでしょうか？　大切な人が亡くなったとき涙はひとりでにあふれてきます。現実の悲しみはできれば避けたいものでしょう。しかしまた、人間にとって死が避けられない以上、そうした場面に出会うことは必然的といえるでしょう。では、現実の悲しみと、虚構の世界演劇や小説の世界において感じる悲しみとは、どこに違いがあるのでしょうか？　また、そもそも人生において悲しみとはいかなる意味を持っているのでしょうか？

有名な議論にアリストテレスの「カタルシス」論があります。一般に悲劇の上演を見て登場人物に感情移入することにより感情が浄化され、気分がすっきりすると理解されています。アリストテレスの表現を用いれば、「悲劇は互いに関連し合う諸事件を表現するのでなければならない。それらの事件は観る者の魂に恐怖と同情を喚起することで、魂を浄化するのにふさわしくなければならない」ということになります。魂に恐怖と同情を喚起することで、魂を浄化するのが悲劇の条件であるというわけです。ではなぜ、恐怖と同情が魂の浄化になるのでしょうか。

魂の浄化

　ルドルフ・シュタイナーの解釈によれば、恐怖に打ち勝つ勇気を呼び起こされると同時に、利己主義に打ち勝つ同情心が呼び覚まされることが、魂の浄化をもたらすのだといいます。人の不運を見て自分は大丈夫だったと利己的に安心するのではなく、悲劇をもたらす運命に雄々しく立ち向かう勇気に感動するのですね。また、自分は蚊帳の外に立っていわば上から人に憐憫の情を向けるのではなくて、その運命を耐え忍び打ち勝つ主人公に感情移入して心から一体化することにより、私利私欲を離れ利己主義を離れてその人に心から共感の気持ちを抱くことにより、魂が浄化されるのですね。

　そう考えると、涙を流すことが目的なのではなく、自分が優越感にひたることが目的でもなく、運命に雄々しく立ち向かう勇気と、私的利害を超えた無私無欲の純粋な共感の念を感じることにより魂を向上させることが目的であり、そのときの主人公への思い入れが悲しみの涙となってあふれてくるのだということが理解されます。

　この意味において、運命的な悲劇を見たり読んだりすることは魂の浄化向上にとって、とても大切であることがわかるでしょう。運命的な悲劇を描いた映画を見ることもまた、魂の浄化にとって大事だということができるでしょう。

人生の恵み

　みなさんは映画を見て、泣けてしょうがなかったという体験はおありでしょうか。こうした体験にはきっと主人公の運命的な悲劇が関わっており、主人公の雄々しい姿と主人公の気持ちへの共感が重なり合って、魂の浄化、カタルシスを感じさせてくれたのでしょう。泣いた後、すっきり感が残るのはそのためなのですね。

　泣くという状態と笑うという状態は魂の状態からするとちょうど正反対なわけですが、泣く場合は吸う息で泣き、笑う場合は吐く息で笑います。泣く場合は魂が収縮するために魂は息を吸ってバランスをとろうとし、笑う場合は魂が膨張するために、魂は息を吐いてバランスを取ろうとするのだといいます。その意味で、笑いと涙のリズムというのもホリスティックな生活には不可欠のものなのですね。

実人生における悲しみも実は、運命の体験から起こるものであり、それに打ち勝つ勇気を与えてくれ、死者への心からの愛情の念、共感の念を思い起こさせてくれる機会であると考えることができるでしょう。

悲しみに耐え涙をこらえるかどうかはともかくとして、悲しみの体験を人生の恵みとして受け取ることが大切なのでしょうね。悲しみを避けるのでなく、悲しみを勇気の試練として、また愛の試練として受けとめることが大切なのですね。

3章
動き、真似し、遊び、働く

動く

古くて新しい舞踊の始原へ

秦 理絵子

はた りえこ／オイリュトミスト。一九八七年より全国で舞台・講習活動。著書に『シュタイナー教育とオイリュトミー』（学陽書房）他、訳書にオルファース『ねっこぼっこ』（平凡社）他。シュタイナー学園校長、日大芸術学部非常勤講師。

オイリュトミーとの出会い

私は、オイリュトミーという動きを専門にしている者です。オイリュトミーの動きを子どもたちや大人たちに教え、また、舞台表現を通して伝えることを職業にしています。

多くの人が、「どうしてオイリュトミーをやろうと思ったのですか?」と、たずねてきます。まだそれほど知られていないこの新しい芸術に、しかも三〇年近くも前にどのようにして出会ったのだろう、と関心を抱く方が多いようです。

一九八〇年のことでした。当時、子安美知子さんの著書『ミュンヘンの小学生』（中央公論社）が評判を呼び、週刊朝日には「今、ミュンヘンの学校で」と題されたエッセイも連載中でした。そこには、ドイツにある一つのシュタイナー学校の様子がいきいきと紹介されていました。テストもないし教科書も使わない。

国語や算数の時間にも歌を歌い、絵を描き、体を動かすという、思わす目をみはるような教育方法と、そこで育つ子どもと大人の姿が活写されていて、「こんな学校に通いたかった」「日本にもシュタイナー学校がつくれないのか」……そんな声があちこちで聞かれました。シュタイナー教育について学ぼうという大人たちの集まりも生まれていました。

その頃大学で哲学科に籍を置いていた私は、思想家ルドルフ・シュタイナーに興味を抱いていました。何より、その人間観と世界観から、教育をはじめとするいくつもの運動が生まれ現在に続く潮流となっていることに惹かれました。そして本の中で「オイリュトミー」という名前を読み、それが、シュタイナー教育と同じく、シュタイナーの人間観を基にした芸術であること、言葉・音楽と人の動きを結びつける舞踊であることを知りました。舞踊ではあるけれど、「見える言葉」「見える歌」という性格を持っているので、一線を画すために「運動芸術（Bewegungskunst）」と呼ばれている、と。

名前を聞いた時から、これが私の探していたものかもしれない、と胸が高鳴ったのだから不思議です。何だか、運命の人に出会うのにも似ていました。正直なところ、シュタイナー教育については面白い教育だな、と感心した程度で、後年シュタイナー学校づくりに深く関わるなどとは、思いもおよびませんでした。

それからの私の進路は、ひたすらオイリュトミーに向かって進んで行くことになります。一九八一年の秋には、日本でオイリュトミーの舞台を観、講習を受ける機会を得ました。どちらも日本で行なわれた初めての舞台と講座でした。ドイツからシュツットガルトとミュンヒェンの二つの舞台グループが、シュタイナーの思想を学ぶ大人たちの会の主催で初来日したのでした。

心の中ではもう、オイリュトミーを本格的に習おうとひそかに望みを抱いていました。が、希望を決意にしたのは、ミュンヒェン・オイリュトミー学校の校長であったギーレルト氏の舞台でした。舞台上で言葉と音楽を動く一挙手一投足が、明るい光を放つ渦のように感じられました。しかも、その動きは、言葉・音楽そのものであり、響きが動きとなって空間に放たれるのがわかります。人の動きがこんなにも音楽になれるのか、また言葉になれるのか……その瞬間、私は、オイリュトミーに惚れ込んでしまいました。

公演を観た晩にドイツ語でギーレルト氏宛の手紙を書き、東京で彼と面会して「では来年からオイリュトミー学校にいらっしゃい」という言葉をもらいました。実は、そうなってから、親にも伝えたのです。思ってもいなかった展開にさぞ驚いたことは、想像に難くありません。でも、惚れ込み振りが伝わったのか、「やり遂げるならやってみなさい」と認めてくれました。大学を卒業後、アルバイトをしながら中途半端なかたちでドイツ哲学とドイツ語の勉強を続けていた時、私に訪れた転機でした。

ドイツ語で職業のことを「Beruf（ベルーフ）」と言います。文字通りには「呼ばれる」という意味になります。自分の道に呼ばれた、と振り返ってそう思えるのは、とても恵まれたことでしょう。

オイリュトミーの始まり

このようにして私が学ぶことになったオイリュトミーは、一九一一年、一八歳の女性とシュタイナーとの出会いから生まれました。その女性、ローリー・シュミットは、動くことが大好きでそれを職業にしたいと願っており、母親がシュタイナーの思想の共鳴者でした。母親は彼を訪ね、「これまでの舞踊にはない、動きの芸術の出発点はないのでしょうか」と問いかけました。問いを受けたシュタイナーは、言葉の響きと内実を動きにしていく、という課題をローリーに与え、折に触れて指導する中から基礎がつくられていきました。

オイリュトミーの動きの源泉に求められたのは、人間の言葉でした。シュタイナーはオイリュトミーのことを「現代と近い将来のための動きの芸術」と呼んだそうですが、言葉を動きの源にする、これは、古くて新しいことです。二〇世紀初頭のヨーロッパの舞踊界では新しいことでも、人の歴史が始まって以来、世界中のどの地域でも常に人とともにあった舞や踊りは、言葉とそして音楽と深く結びついていたのですから。

そもそも人の動きは、小さいうちほど発声と一体です。乳児や幼児を観ていると、彼らは何より動く存在であり、動きが発声と密接に結びついているのがわかります。声は、旋律を帯びて歌になり、何か対象に向けられて言葉になります。歌と言葉は、本源においては一つです。動き・歌・言葉の三位一体性は、人の発達の最初の姿に近いほどあきらかです。それが人の成長に伴って次第に分化していくのは、発達の必然的な過程とはいえ、もし分化の度合いが進みすぎて、互いの関連が薄くなり、失われてしまったらどうでしょうか。

現代社会に生きる私たちの周りには、心と体の実感を伴わない言葉が多く語られています。肉声を通さない歌も身辺にあふれています。生きた歌や言葉とまったく接しなくても、生活できてしまうほどです。歌と言葉は、人と自分自身、人と周りの世界との間に橋をかける道すじなのですから、そこにいのちが通うことなしには、芯から人として生きることはできません。人と人、人と生き物、人と世界、また、人と自分自身とのあいだが行き交っている。言い換えれば息が通っている——。

その行き交ういのちを、動き、と感じとることができたとき、それが、オイリュトミーの出発点です。聞こえる歌と言葉の原動力は、人の内側と外側をめぐる生命力であり、目に見えない動きに満ちている、と。聞こえる歌と言葉を生み出すのが、喉とその周辺器官からの発声です。喉は、呼気と吸気の通り道で、内と外との境目に位置しています。シュタイナーは、人が声を発し語り歌う際に、喉と周辺器官に動きの衝動が起こる、と考えました。

私たちが話したり歌ったりする時に喉とその周辺器官で起こる、普段は目に見えない動きを、手足の動きに移行させるのです[1]。

オイリュトミーをする、とは、喉とその周辺の発声器官で起こる動きのプロセスを全身の動きへと変容させること、とシュタイナーはとらえました。

（そうした手足の動きは）パントマイム的なものではなく、全ては厳格な法則に則っています。たとえば、一つひとつの母音や文章、言葉や音楽の構造、これらに呼応する動きが、人の空間での動きで形成されます[2]。

「普段は目に見えない部分で起こる動き」には、その動きを生じさせる内面的な体験、つまり知情意も関わりますから、動きを身体の動きに移行させる時には、内面の体験とのつながりが大事になります。オイリュトミーの動きは、単なる発声や発音のなぞりや再現ではありません。かといって言葉や歌の意味を直接的に表す所作でもなく、動く者の感情表現とも違います。言ってみれば、法則性と個別性とのあいだに、客観的なものと主観的なものとのあいだに成り立つ一つの表現形態なのです。

内と外との接点で起こる動きを、内的な体験との関連のもとに人の姿全体に行き渡らせたなら、秘められた動きは、人の動きを通して空間の中に広がっていくでしょう。言葉と歌の生命力や法則性、躍動感が心の体験を通して、見える動きとなります。そのため、オイリュトミーは「見える言葉」「見える歌」とも呼ばれています。

このように見ていくと、オイリュトミーは、とても底の深いものだということがわかります。舞踊の一分野というだけにはとどまらず、これからの人と社会のあり方に、調和をもたらす作用も備わっている、とも考えられるのではないでしょうか。このような作用があればこそ、オイリュトミーは「現代と近い未来のための」新しくて古い動きの芸術になりえるのでしょう。

オイリュトミーの始まりについて触れたおしまいに、名前の由来のことも付け加えておきましょう。名づけ親は、シュタイナーとともにこの芸術の育成にあたったマリー・シュタイナー夫人です。オイ、はギリシャ語源で美しいの意、リュトミーと合わさって、動きが真善美のリズムと調和することを表わします。ある練習時に、シュタイナーが、「さて、この動きにもそろそろ名前がなければいけないね」と言うと、かたわらのマリー・シュタイナーが、間髪を入れずに「オイリュトミー！」と返した、と伝えられています。まるで、子どもの名前が決まるときのような微笑ましいエピソードです。

オイリュトミー芸術の可能性

こうして一世紀前に始まったオイリュトミーは、では今、どのように発展しているのでしょうか。もっとも活動が顕著なのは、やはり教育の分野です。一九一九年に、ドイツ・シュツットガルトで最初のシュタイナー学校が設立された時から、オイリュトミーは全学年にわたる必須科目として子どもたちの成長に付き添い、年齢段階に応じた働きかけにより、心と体の健やかな変化を支えました。日本のシュタイナー教育運動においても、幼稚園・学校づくりの動きとオイリュトミーは深く関わっています。

子どもは、生まれてからほぼ三歳になるまでの間に、まっすぐに立ち、言葉を話し、思考力の最初の芽生えを見せます。直立・言葉・思考は、生涯の最初に芽生えて根づく三つの大切な力です。三歳を過ぎた幼児のオイリュトミーは、この三つの力を継続して育てていきます。幼児は何かを覚えこむのではなく、楽しく動きの中に息づいていなければなりません。昔話や季節のお話などを動きで体験しながら、一緒に動くオイリュトミーの教員のリズムや音の身振りを真似て動きます。

学齢期に入ると、一、二年生のうちは幼児期の雰囲気をたぶんに残していますが、三年生、四年生……と進むにつれて、だんだんと模倣から自覚的な動きへと導かれます。まっすぐな動きや丸みを帯びた動きから始めて、多様な空間のフォームを動けるようになり、母音・子音・韻律・文法、心の表情を表す仕草、音楽のメロディー、リズム、ハーモニー、音階・音程などの動きを習得します。そうやって、詩や物語、音楽作品などを動きで奏でられるようになっていきます。それは、読んだり書いたり聞いたりするのを一段深めた全人的な行為です。また、複数の人数で動きをつくることが多いので、互いに聴き合う力が高められ、一人ひとりが内側に中心を持って自立して動きながら、他者と協調してつながっていく実践的な社会性も育まれます。

オイリュトミーは、治療の分野でも芸術療法として用いられています。治療オイリュトミーは、教育の中で、さまざまな子どもの個別性に適切なはたらきかけをする必要性から生まれました。現在も教育と緻密な関係を持ちながらも、医療と関わる療法として、欧米の学校や施設、病院などでも行われています。日本でも少しずつ取り入れられ始めています。

そして、舞台芸術としては、教育におけるほどの社会的な広がりや認知にはまだいたっていないのが現状ではありますが、私は、この分野でも、もっと広がっていける可能性があるのではないかと考えています。表現形式としても途上ですし、舞台という総合芸術になるための層もまだまだ薄い。けれども、オイリュトミーには、心身の動きを空間に解き放っていくという特性があります。響き・音と共鳴する動きは、私たちがそこに存在する空間に新鮮な息吹を吹き込みます。オイリュトミーを観る人たちは、耳で聞く言葉や音楽を空間の動きとして新たに感じとり、それは観る者と動く者のあいだに深い一体感をつくりだすのではないでしょうか。折りに触れて人たちが集い、歌舞音曲を通して日常の澱《おり》を浄化して新しく世界と調和するような、そんな舞台空間をつくる力を、オイリュトミーは備えているような気がします。

ウタウ・カタル・マウ・オドル

オイリュトミーによる動きの表現に思いを馳せるとき、私は、詩や物語や音楽の作品から動きがたちあらわれてくるような感覚をおぼえます。たとえば、ある詩の言葉を聴いたり曲を聴いて、それが私の心の琴線に触れると、詩が、曲が私の中で動き出します。それは、声を発するように腕を伝い、歩みに運ばれて空間の中に広がって生きます。舞踊という言葉を使うなら、私にとって、オイリュトミーを舞い踊るとはそういうことです。

有名な詩人や作曲家の作品ばかりではありません。日本の言葉や音の中には、過去から現在にいたるまで、動きになって現れたがっているものがたくさんある、そんなふうに感じます。日本語の響きは、母音と子音がみごとにぴったりと結び合っており、韻律と旋律を得て歌になりやすく、動きとしてもよどみない流れがあります。日本の伝統的な舞踊には、能にしても歌舞伎にしても、声と動きの間に密接なつながりがありました。

しかし、すでに完成された形式を持つ能や歌舞伎の世界には、技を継承し、なお新たに創造してやまない専門家たちがいます。それに、この二つの舞踊の世界は、歴史の中で、男性の骨格に支えられた動きを確立してきました。

そんな手の届かない世界ではなくても、今私が生きている場

創作オイリュトミー「山姫の舞」（写真提供／秦）

で、オイリュトミーを通して歌と言葉と身の動きがもう一度結びつくことができたら、歌や言葉は身の実感を伴う生きたものとなるでしょう。そこには、源泉から湧き出る生命力が通います。実感と生命を伴う歌と言葉と動きをめざしたい、と心から思います。

源泉に触れるといっても、過去に帰ることでもなく、いにしえの再現とも違います。新しい意識でいにしえの泉の水を汲めば、そこには「現在と近い未来のための」きらめくしずくの宝石がみつかるかもしれません。

アジアの民俗誌や芸能史の研究者・沖浦和光氏が、二〇〇九年に行った「『遊女』伝説・江口の里」と題する講演を聞いたことがあります。氏は、講演の中で、平安末期の芸能の深層に照明を当て、その関連で「梁塵秘抄」についても語りました。

一二世紀後半に後白河法皇を編者として編まれた「梁塵秘抄」には、私も以前から惹かれていました。写本の多くは失われ散逸してしまいましたが、この中には遊女・くぐつ・巫女など諸国をめぐる民の歌謡が集められています。平安末期に時

の最高権力を誇った貴人が、庶民に流行する今様に打ち込み、遊女やくぐつから歌を習う、という世にも稀なクロス・カルチャーがここに実現していました。

沖浦氏は、こうした歌謡を歌い舞い踊った漂泊の民や遊女たちが、歌舞音曲の達人であり、卑賤の身でありながら高貴な者たちにも作用する力を持ち、いわば聖と俗の交点にいたことに注目します。彼らは、ウタウ・カタル・マウ・オドルなどの芸をよくしましたが、一連の芸能の始原にあったのは「ウタウ」であったそうです。

ウタイながらマワれたであろう、その声も舞いも再現することはできませんが、「梁塵秘抄」を通して伝えられている歌謡は、不思議な懐かしさと活気の余韻を秘めて、今なお心を揺さぶります。中でも有名なうたがカタルごとく。

創作オイリュトミー「常世の水」　能舞台にて

遊びをせんとや生まれけむ
たわぶれせんとや生まれけむ
遊ぶこどもの声きけば
わが身さえこそ　揺るがるれ

その「梁塵秘抄」口伝集巻第一の冒頭には次のようにあります。

古より今にいたるまで習ひ伝へたるうたあり、これを神楽催馬楽風俗といふ……皆これ天地を動かし、荒ぶる神をなごめ、国ををさめ、民をめぐむよたたて（よい手だて）とす[3]

天と地と人の間に調和をもたらす「よたたて」が「うた」でした。うたは語りにも通じ、舞いと踊りが同じ幹から出た枝に咲く花のように続きました。そのすべてを、「動き」が貫いていました。

ヨーロッパに生まれたオイリュトミーと芸能……一見かけ離れたものにみえるかもしれませんが、芸能が始原とした「うた」とは生命力ある動きであり、オイリュトミーはそこから発していると思うのです。オイリュトミーをする者は、もちろん古代人としてでなく、今を生きる者として、自分の中の動きの始原に息を吹き込まなければなりません。

「私たちは、オイリュトミーをすることで、根源的な動きに立ち返ります[4]」

と、シュタイナーは言います。

いのちは動き

小さい頃から、舞い踊ること、動くことは好きでした。子ども時代の遊び場であった武蔵野の原っぱや雑木林で、風が吹くと体全体が一緒に動いていました。盆踊りの囃子が聞こえてくると、私の姿は見えなくなり、やぐらのところに行って踊っていたそうです。本人は覚えていませんが……。

このような動きの衝動は、実は、私たち誰もの内深くに息づいてるのです。現代の人々の多くは、それを忘れてしまいました。動きとは、私たちの行動の中でももっとも根幹に関わることで、それだけに無意識の中に沈んでしまいがちです。動くことは全身を動員しますから、ただ考えたり感じたりするだけでは足りず、意志力とエネルギーがたくさん要ります。それだけに、その作用は深く、大きいものがあります。

私たちは、母の胎内で、鼓動と響きに包まれて動いていました。私たちがその上で暮らす地球も動いています。回転しながら、太陽の周りの楕円軌道をめぐっています。自転公転速度は、数字にして表わすと物凄い速さになりますが、自然界と人間社会の活動はすべて、この円運動の上で行なわれています。地軸を回る動きや惑星どうしがすれ違う速さの異なる軌道の動きに、ピタゴラスは「天体音楽」を聴きとりました。その考えは、シルクロードを渡って日本にも伝わり、雅楽の「調子」にも入り込んでいるそうです。

舞い踊りとは、本来、このような宇宙的な動きが、人間一人ひとりの中で継続されていることから生まれます。近現代では、人の内面の体験を表現する面が際立って強調されてきました。それもまた重要な側面であり、生きた内面体験なしの芸術はありません。しかし、個々に分断されすぎてしまった内面の動きは、もう一度全体との連関を求めています。

個別なものを全体と、自分と、周囲と、そして宇宙的なものと、もう一度関連づけることで、人の動きは調和を得、健やかなものとなるでしょう。

動きは人と周囲に深く働きかけて変化させるのですから、それは、そうです、人と世界のあいだをつくりなおすことにもなるのではないか、と想像が大きく羽ばたいたところで、この動きについての考察を終えることにします。

文献

（1）Steiner, Rudolf (1918) "Die Erneuerung der alten Tempel-Tanzkunst durch die neue Raumbewegungskunst" In 'Eurythmie Die neue Bewegungskunst der Gegenwart' Rudlf Steiner Verlag Dornach/Schweiz. 1986, p.15
（2）Ibid.
（3）榎克朗校注（一九九一）『梁塵秘抄』新潮日本古典集成、新潮社、二二五ページ
（4）高橋弘子編（一九九八）『オイリュトミーの世界』水星社、四〇ページ

真似る

世阿弥の伝書から

西平 直

にしひら ただし／京都大学教育学研究科に勤務。主な著作に『エリクソンの人間学』一九九三年、『魂のライフサイクル』一九九七年、『教育人間学のために』二〇〇五年、『世阿弥の稽古哲学』二〇〇九年（いずれも東京大学出版会）など。

「自由に表現してごらん」

私の小学校時代は、戦後日本の高度経済成長の時期と重なっていました。地方国立大学の付属小学校。戦後民主主義を根付かせようと先生方も希望に燃えていたのだろうと思います。先生方は繰り返し、私たち生徒に「真似てはいけない」と教えました。大切なのは自分で考えること。新しいものを作ること。

たとえば「リズム」という特別な時間があって、私たちは「創作ダンス（の真似事）」をしました。先生は、「真似事」ではなく、私たちに創作の機会を与えようとしたのだろうと思います。ところが私たちは、何をしたらよいのか、分からなかったのです。「自由に表現してごらん」とおっしゃる先生を前にして、思い出されるのは、気恥かしさに包まれた困惑だけです。何をしたらよいのか、本当にわからなかったのです。

「ラジオ体操」は順序通りに真似します。「フォークダンス」もみんなと同じに踊ります。ところがこの「リズム」の時間は真似をしない。気持ちをそのまま踊る。そう言われても、私たちは困惑するだけ、何より「恥ずかしさ」で頭がいっぱいだったのです。「何をしたらよいのか教えてほしい」と、その場面で思ったかどうかは記憶にありませんが、それに似た思いだったように思います。

後に、そうした試みが、戦前戦中の「押し付け教育」への反省に由来した新しい教育理念であったことを知りました。伝統重視ではなく「子ども中心」。子どもたちの自由な表現を大切にする教育。そう理解した時には、少し納得しましたが、でもあの時の「何をしたらよいのかわからなかった」事実に変りはありませんでした。

私は子どもの頃、学校があまり得意ではありませんでした。とりわけ「黙って座ってじっと聞く」授業は苦手でした。暗記やドリルはどうも苦手。その意味では「真似てはいけない」というあの教育方針は私の性《しょう》に合っていたはずなのです。その私をして「何をしたらよいのか教えてほしい」と感じさせたのですから、問題はかなり複雑に入り組んでいたことになります。

世阿弥の伝書から

「リズム」の時間からたくさんの年月が流れ、四〇歳を過ぎた頃、私は「日本の稽古の思想」に魅力を感じるようになりました。そして一〇年かけて世阿弥を学びました。その時に考えていた問題のひとつが、この「自由に表現する」の困惑でした。正確には、「自由に表現せよ」も困るが、「ただ暗記せよ」も嫌だという贅沢な注文でした。

世阿弥の能の稽古には、もちろん、「真似る」が出てきます。世阿弥の言葉では「似《に》せる」。能はある一面「物まね芸」であり、何事も「似せる」ことが芸の基本だというのです。ところが、芸を究めると、もはや似せようと思わない。「そのものに成り切る」ならば、もはや似せる必要がない。その境地を世阿弥は「似《に》せぬ位《くらい》」と呼びました。

そして「女役」を例にして（能役者は男性でした）こんな話をします。……現実の女性たちは女に似せようなどとは思わない。自然に振る舞う。女役の役者もそうするのがよい。女に似せようと努めると失敗する。意図的に似せようと努めれば努めるほど、実際の女性から離れてしまう。大切なのは、似せる必要がないほど、なりきること。「そのものに真《まこと》に成《な》り入《い》る」。それを世阿弥は「似得《にう》る」と言うのです。

この「似得る」は「似せる」ではありません。「真似ようと努める」わけではないのです。しかし「真似をしない」のでもない。自然と似る。あるいは、気がついた時、自然と似ているのです。

最初は「真似る」から

問題は、そうした「似得る」に至るために、最初、何から始めたらよいかという点です。やはり、まず「真似る」ことから開始するしかないのではないか。自由に表現するのではなくて、最初は「真似る」。教える側から言えば、ともかく基礎を身に付けさせてしまうわけです。子どもの好みに関わらず、最低限の基礎は繰り返させて、身に付けさせてしまう。

しかし重要なのは「ただ教えればよい」というわけではないという点です。真似ることが最終目的ではありません。むしろ「真似ない（似せぬ）」。真似ようとしなくなる。そうなることを目指した「真似る」練習なのです。しかも、「似せぬ位」に至ったからといって、もはや稽古しないというわけではありません。それどころか稽古はいくつになっても必要。しかも常に「真似る」から開始します。「真似る（似せる）」から始めて、「似せぬ」を通り、そして「似得る」に入ってゆく。そのプロセスを、そのつどたどり直すこと。その大切さを世阿弥は私たちに教えているのです。

もしかすると、あの「リズム」の先生は、こうしたことをすべて私たちに、宿題として残してくださったのかもしれません。

遊ぶ

西村 拓生

遊ぶように働き、学ぶ

にしむら たくお／長野県生まれ。奈良女子大学文学部教員。教育哲学・教育思想史。シラーの美的教育論がどのように読まれてきたのかを研究する傍ら、娘の通う京田辺シュタイナー学校の学校づくりに参加している。

何をするにも子どもの遊ぶように…

森鷗外に「あそび」という短編があります。描かれているのは、鷗外自身を思わせる、官吏でありつつ文学者である木村という男の日常。

> 木村はゆつくり構へて、絶えずごつ〳〵と為事をしてゐる。その間顔は終始晴々としてゐる。……此男は何をするにも子供の遊んでゐるやうな気になつてしてゐる。

娘の小堀杏奴の回想によれば、「なんでもないことが楽しいようでなくてはいけない」というのが鷗外のモットーだったそうです。

何をするにも子どもの遊ぶように、何でもないことが楽しいように、終始晴々と働く、鷗外。帝国陸軍軍医総監を務めた文豪は、ホリスティック教育論には一見、場違いの趣ですが、ここで注目したいのは、どうやら鷗外において遊びと仕事、遊びと文学（芸術）とが相即一体であったことです。岩波版全集三八巻におよぶ巨大な仕事が「遊ぶように」産み出されたとは、いささか意表をつかれますが、不思議なことではないかもしれません。

〈学ぶ・働く／遊ぶ〉という二項対立

生きるために働くことから、私たちは逃れられません。そして学ぶことは、しばしばその準備と見なされます。日常生活において学び、働くことは真剣勝負であり、それに対して遊ぶことは、そこからの解放や弛緩であるがゆえに楽しい――と、私たちは遊びを、仕事や学びの外の営みと捉えがちです。「ハレとケ」といった文化人類学的観念を考えるならば、このような二項対立的な捉え方もゆえなきものではありませんが、その図式のなかで私たちは、仕事や学びと遊びとを比べて、前者に重きを置いてはいないでしょうか。いや、社会論でも教育論でも、遊びの大切さを主張しない議論の方が、むしろ今では珍しいかもしれません。けれどもそのとき、往々にして遊びは、「実生活」のエネルギーを回復させる息抜きや気晴らしとして「役立つ」から重視されます。教育においても然り。生真面目な教師は、遊ぶことにはどんな「意味」があるか、何に「役立つ」のかを問うてしまいます。あるいは、子どもたちを学びにつなぎとめるために、そこに遊びの衣装が纏わされます。しかし、遊びが大切というのは、そういうことでしょうか。

意味や有用性からの自由

遊ぶように学ぶこと、働くこと。それは、遊びが仕事や学びの外にあって、それらに役立つこととは違います。自分のすべてを賭けて何事かに没入しているとき、人はそのことの意味や有用性を考えません。自分を道具化、手段化することから自由になり、ただ自分のいのちが深く生きられていることだけを感じます。それが私たちに晴々とした歓びをもたらします。だから、楽しい。そこにはもはや、遊びと仕事、遊びと学びの区別はありません。何でもない日常が、すべて真剣勝負であると同時に遊び、なのです。そのとき私たちは、日常を生きながら彼方へと開かれています。瞬間のなかで永遠を生きています。

これは、鷗外でもなければできない、難しいことでしょうか。そうでもない、と思うのです。たとえばエンデの『モモ』に登場するベッポじいさんの道路掃除。

いちどに道路ぜんぶのことを考えてはいかん、わかるかな？　つぎの一歩のことだけ、つぎのひと呼吸のことだけ、つぎのひとはきのことだけを考えるんだ。……するとたのしくなってくる。これがだいじなんだな。たのしければ、仕事がうまくはかどる。

そんなふうに働いていることが、私にもあります。そんなふうに生きたい、と思うのです。――と、ここまで書いたとき、仕事に疲れて苛立った妻の声が聞こえてきました。「遊ぶように働く」、説いてみようか。いや、やっぱり叱られるかな……？

文　献
森鷗外（一九八五）「あそび」『普請中／青年　森鷗外全集二』ちくま文庫
山崎正和（一九七二）『鷗外　闘う家長』河出書房新社
ミヒャエル・エンデ（一九七六）『モモ』岩波書店

働く

「働く喜び」の再発見

上野　あや

うえの　あや／東京生まれ。青山学院大学在学中、今井重孝先生に「社会教育学」を学ぶ。在学中、「緑のふるさと協力隊」として葉っぱビジネスの町、徳島県上勝町にて一年間農業を体験。卒業後はIターンとして、（株）いろどりに入社。

「働く喜び」の再発見

昔ながらの工法で家を建てる大工さんで、文字通りひっぱりだこで毎日忙しく仕事をしているかたわら、時間を見つけては廃材を組み合わせて「移動式囲炉裏」をつくったり、それで子どもたちにおへぎ餅を焼いてくれたり、藁草履やふごのかばんの作り方をみんなに教えたり、お酒を飲んでおしゃべりするのが大好きな「のぼさん*」という人が近所に住んでいます。のぼさんが「健康で働けたら、それが一番幸せだよ」と言いました。その時、働くことが生活のためということではなく、働くことそれ自体が幸せなんだと改めて思い直しました。

「学ぶ」ことについて、『学ぶ喜び』を感得するということは、子どもだけの問題ではなく、大人も含めて自分自身の『生きがいの自己発見』であり、全身全霊で夢中になれる喜びの発見[1]であるのと同様に、「働く」にも「働く喜び」ということが言えるのかもしれません。

では、「働く喜び」はどのように感じるものなのでしょうか。

＊「のぼさん」…上勝町在住の大工、山中昇さん、七四歳。町内にあるNPO法人ゼロ・ウェイストアカデミーのHPにはのぼさんの作品が掲載されている。

七〇代から仕事を始めたおばあちゃんたち

私が住んでいるのは、徳島県上勝町。ここでは、平均年齢七〇歳のおばあちゃんたちが現役で仕事をしています。おばあちゃんたちの仕事は、もみじなど、日本料理に季節感を添える花や葉っぱの「つまもの」を栽培し出荷することで「彩《いろどり》」と呼んでいます。最高齢を誇る九八歳の中野フクエさんは、七五歳のときにこの仕事を始めました。それまで、旦那さんの仕事を手伝うのと家事が中心で、これという「自分の仕事」を持っていませんでした。おばあちゃんの生き生きと元気に働く姿を見て、仕事のために町を離れていた息子や孫夫婦が七年前に上勝町にUターンし、いまは家族四世代、六人で暮らしています。まさか自分が七〇代になってから、自分の仕事を持つとは思っていなかったと言うフクエさんですが「あきらめたらあかんな。自分がやったことのないことは勇気がいるけど、ひとつ踏み出してみることが大事やな[2]」と言います。

もみじの木に登り収穫をする中野フクエさん。撮影当時94歳。
（写真提供／上野）

　この「彩」の仕事の特徴的なことは、町の主要産業だったミカンが大寒波で全滅し、若者は仕事を求めどんどん町外へ出ていったどん底のときに、当時農協職員で現在株式会社いろどり代表の横石知二氏が、この「地域」とここの「ひと」を捉え直したことにあります。当時の上勝町は「道が悪く徳島市内から二時間もかかる」「八六％が山林で耕作できる平地がほとんどない」「標高二〇〇～七〇〇ｍに集落が点在している」と、どこをとっても「条件不利地域」でした。またこの町に残った「ひと」は、ほとんどが「女性や高齢者」でした。これだけを見れば、普通の人なら「これではどんな産業も無理だ」という結論に達します。けれども、横石氏は「立地条件」「性別」「年齢」「能力」「学歴」などの断片的な情報で決めつけずに、「今、自分がいるこの地域で、今、目の前にいるこの人たちと何ができるだろうか」という発想に立って、現実全体を見ていました。葉っぱで考えれば、上勝町の高低差は時期をずらして出荷するのにピッタリですし、昼間と朝晩の温度差は葉っぱの色づきに最高です。また、葉っぱは軽くて季節感のある仕事である上、「こつこつと忍耐がいること」「樹木や花に対する知識・経験」「手先仕事」などは、「女性や高齢者」の得意技です。このように、これまでの常識を一度捨てて、目の前の「地域」「ひと」を率直に見るところから仕事をつくってきたのです。これによって、おばあちゃんたちは社会の中の自分の出番と役割を見つけました。横石氏は自分のことを「プロデューサー」と呼んでいます。

刻一刻と変化する「私」と「あなた」

同じことが教育の場でも言えます。シュタイナーは、「実際の教師が目の前の子どもたちとの関連で何ができるのかを知る必要がある。学校というものは抽象的な理念をたててつくるものではない。具体的な教師と生徒から作るべきである。（中略）あらゆる細部にわたって理論的ではなく、実際的になることが必要だ(3)」と言います。つまり、どの地域でもどの学級でも通用すること以上に、唯一の教師と唯一の生徒とが対面している生きた現場が大切になるのです。教師やプロデューサーの役割は、その人が持つ能力や個性を最大限に導いて、その人の出番をつくることです。そこには、常に変化に対応し試行錯誤をしながらよりよいやり方に変えていくという地道な過程があります。

てるこ（一）

自分自身がプロデューサー

それでは、はじめに紹介したのぼさんのプロデューサーはどこにいるのでしょうか。それは、他でもないのぼさん自身です。大工としての自分も、おしゃべり好きの普段の自分も全部ひっくるめて自然体ののぼさんで、その全体を冷静に見ながら、社会や地域の中での自分の出番と役割をつくってきました。誰かの役に立てるのはうれしいことです。けれども、普段の自分をなくしてまでそれをやると苦しいので続きません。「働く喜び」は、このように自分自身を全体として捉え、その上で日々変化する社会の中の自分の出番や役割を実感できることにあるのでしょう。

引用文献

（1）日本ホリスティック教育協会（二〇〇三）『ホリスティック教育ガイドブック』せせらぎ出版、六六ページ
（2）横石知二（二〇〇九）『生涯現役社会のつくり方』ソフトバンククリエイティブ株式会社、八八ページ
（3）神尾学（二〇〇五）『未来を開く教育者たち』コスモス・ライブラリー、七九ページ

参考文献

糸井重里（二〇一〇）『はたらきたい。』株式会社東京糸井重里事務所

写真協力

立木写真館

「彩」商品の一つである「翠」には、作品を考案したおばあちゃんの名前がついている。この商品は、「かずこ（一）」。

4章　語り、歌い、読み、祈る

語る

その声と言葉の秘密

吉田 敦彦

よしだ あつひこ／日本ホリスティック教育協会元代表。大阪府立大学教授。ＮＰＯ法人京田辺シュタイナー学校理事。著書に『ホリスティック教育論』『世界のホリスティック教育』（日本評論社）、『ブーバー対話論とホリスティック教育』（勁草書房）など。

あなたが語るとき、声と言葉の秘密を心しておくがよい。畏れと愛において語れ。そして言葉の世界があなたの口から語っているのだということを思え。そのときあなたは言葉を高めるだろう。

（マルティン・ブーバー[1]）

語りかける、声の出し方

日々の暮らしのなかで、親が子どもに声をかけるとき。先生が教室で子どもたちに話しかけるとき。そのときの声の出し方が、その人の心のあり様を映し出します。喜怒哀楽の感情が表れる、というだけでなくて、その人の呼吸の穏やかさや深さ、存在のあり方が、言葉を口にする声の、その奥行きのなかに表れる。それはこわいことでもあります。話す内容よりも、あまり自分では意識していない語り方のほうが、本質的なことを伝えていたりするのですから。

ある教育者たちのグループが、シュタイナー学校を訪問しました。ホールに集って、まず学校の担任の先生たちが順々に自己紹介をしました。そのあと挨拶に立った訪問団の代表の方が、「今の先生たちの自己紹介のときの声が、揃ってみんな、なんと静かで穏やかな響きだったことだろう」と感想を述べられました。「もうそれだけで、この学校が何を大事にしているのか、伝わったような気がする」と。[2] 大事にしている何か、その内容は、なかなか言葉にして語りえないことですが、むしろこうした語り方、その声の響きを通して、直裁に伝わったのでした。

私も、初めてシュタイナー学校を訪問したとき（一〇数年前、ニューヨーク）、同じようなことを感じました。朝のエポック授業（小学二年生）を参観させてもらったのですが、その始まりの一〇分間で、このような世界がありえるのだ、と心を打たれました。朝の挨拶は、チャイムが鳴って「起立！　礼！」の号令で始まるのではありません。時間がくると先生は、静かにシロホンを奏で始めます。そのきれいな音色に耳を傾けるようにして、朝の語らいでにぎやかだったクラスが次第に静まり、子どもたちがまっすぐに立ちます。席に着いつもの朝の詩を朗誦します。けっして「大きな声で元気よく」ではなく、ゆっくり味わうように。席に着くと、いわゆる「出席取り」。ですが、それがまた、シロホンのシンプルなリフレインにあわせて、歌うような声で名前を呼びます。たとえば「マイケル、チャーニー、アー、ユー、ヒアー」と。呼びかけられたその音程とリズムを受け継ぎながら、一人ひとりの子どもが「アイ、アム、ヒアー」と応じていきます。最後に、クラスの子どもたち皆が「ミス、グリーン、アー、ユー、ヒアー」と呼びかけ、先生は静かに、でもしっかりとうなずきながら、「アイ、アム、ヒアー」と応じて終わります。――あなたたちのために、今日も私は、ここにいるよ。

大げさなようですが、一つひとつの呼びかけと応答、「私は、ここに、います」の声が、お互いの存在を確かめあい、証しあうかのように響いていました。私は、そのやり取りの間、息を呑んでいました。終わってからも、その余韻を抱えたまま、これは生涯忘れないだろう、と思いました。

とはいえ、この先生とこの子どもたちにとっては、これが日常。異国から初めてシュタイナー学校を訪れた異邦人にとっては、あまりに非日常であったがための、過剰な思い入れ。そうであるとも言えるでしょう。でも、当たり前になりすぎては気づけない、こうした朝の挨拶の交わし方そのものが持つクオリティに、初体験だったからこそ新鮮に気づけたとも言えるかもしれません。朝、まず子どもにどのような声で話しかけて、その一日を始めるか、毎日のその繰り返しのなかで、子どもたちのなかに確実に育っていくもの（と、育ち損ねてしまうもの）があることでしょう。

＊朝起きて、子どもにどのように話しかけるか。起こすときの声かけの仕方についても、家庭で気をつけたいこととして（シュタイナー教育で）共有されていることがあります。夢から現実の世界に目覚めていく移行はデリケートで、ゆっくり気持ちよく起きられることはとても大切。だから、「早く起きなさい！」と叫んで急がせるのではなく、やさしく手を添えたりしながら「おはよう」とか「朝が来たよ」とか、できるだけ穏やかに声をかけることが推奨されます。

「この学校の先生たちが、怒鳴ったりすることってあるの？」とは、シュタイナー学校の公開授業のときなど、参加者がよく漏らす感想です。大きな声で「静かにしなさい！」と怒鳴る、そういう声の張り上げ方が、かえって悪循環を生んで静かにならない、ということがあるかと思います。怒鳴らないまでも、大勢に向かって聞かせるための声と、誰かに話しかけるときの声は違うでしょう。授業でも、声を張り上げることなく、一人ひとりに語りかけるような声で話します。静かに耳を傾けていてちょうど届いてくるぐらいの声。子どもたちを、こちらに惹きこんでくるためには、声量が必要なのではなく、むしろ声の質、もっと聞いていたいと思うような声の感触や肌触りのようなものが大事。「お上品な話し方」と言われたりすると苦笑もしますが、たしかに「粗暴」ではなく、「言葉がきれい」です。子育てや授業の方法・技術において、語りかける声の質がもっと注目されてよいと思います[3]。

冒頭のブーバーの箴言のように、「言葉を高める」語り方と「言葉を貶《おとし》める」語り方があるのでしょう。その含蓄を汲み取るために、さらに「生きた言葉」の語り方について考えていきます。

話し合うこと、語り合うこと

生きた言葉が永遠の今、人間の間で真に生成すること、それがロゴスの意味するところである。それゆえにこそ、ロゴスは人間にとって共同的なのである。生きた言葉のなかに、意味が絶えず新たに入って生成するという事柄は、人間としての人間に固有な事柄である。

（ブーバー[4]）

「言う」「話す」「語る」「述べる」「しゃべる」といった動詞には、「思いを口に出して言葉で表現する」という共通の意味がありますが、それぞれニュアンスが違います。その違いに拘ってみることで、自分の口にする言葉や、言葉を伝える相手との向き合い方のデリケートな差異が見えてきます。「話す」と「語る」について考えてみましょう。

たとえば、友達と朝まで「語りあかした」という表現がありますが、「話しあかした」とは言わないでしょう。逆に、何かを決める必要に迫られたとき、「話し合ってください」と言うが、「語り合ってください」とは言わないでしょう。「語り合う」ことと「話し合う」ことは、似ていますが同じではありません。その違っているところに注目してみましょう。

「話し合う」ときには、何か解決すべき問題があって、それについて結論を出すことを求められています。答えを出すという着地点を目指して、意見を出し合います。その問いと答えは、話し合っている人たちにとって、第三者的な、客観的な性格をもちます。自分の親しい友人が問題となっている場合でも、その人についての自分の主観的な思い入れから、距離をとって話すことも必要となります[5]。

「語り合う」ときには、逆に主観的な思いを大事にします。それぞれが自分の考えを、相手に向かって、主観を交えて語り合います。その「語らい」が、どこに向かうか、いつ終わることになるか、着地点は予測できません。時間の制約が厳しいときには、語り合うというモードに入るのは難しく感じます。語り合っている間には、思いがけない展開やいろいろな寄り道が生まれます。「答え」を急ぎ、一つの「正答」に収斂していくより、次々と「問いかけ」がうまれ、問いが深まっていきます。語り合いでは、結果よりもむしろ、そのプロセスに意味があるのです。

「話し合い」は「結論」や「合意」を得ようとする営みですが、「語り合い」でも、そのプロセスの結果として、得られるものがあります。語り合った結果、相手の考えや思いについて、お互いに理解が進むことがあります。相手を理解していると思っていたけれど、じつはまったく理解できていなかったことに気づくかもしれません。語り合っているあいだに、自分自身で気づいていなかった自分の考えに、別の仕方で向き合うことになるかもしれません。理解し合えない点を確かめ合うことで、逆にやっと理解し合えたと感じるようなこともあるでしょう。ここでは、語り合えたという事実の方が、そこで語られた内容よりも意味をもちます。

そこでは、既成の言葉ではなく、「生きた言葉」が生まれます。語り合う相手との間で、「生きた言葉のなかに、意味がたえず新たに入って生成する」といった事柄が生じます。このような「語り合い」は、「議論」や「討議」よりも、「対話」や「熟議」に近いものだと言えます。

語る手前で、聴きとる言葉

私がその時々に言わねばならないことは、そのとき私のなかで、まさに語られることを待ち望む性格となっている。……口数の少ない人は、時として特に重要でありえる。だが各人は、対話のプロセスのなかで、彼がまさに言わなければならぬことを言う時が来たときに、それを回避しない決意をもっているべきである。真の対話を人は前もって起草できない。

（ブーバー）(6)


では、このように誰かと語り合うためには、語り始める手前で、どんなことに留意すべきでしょうか。あらかじめ話すべき内容を起草して、記述した原稿を読み上げるような仕方ではうまくいきません。それは「述べる」に近いでしょう。「述べる」は、書き言葉で表現するときにも使えます。あるいは、でき合いの流布したストーリーを繰り返してしゃべったり、自分のストーリーを話して自分に満足したりするのは、「しゃべる」。誰かと「おしゃべり」して相槌を打ち合っている場合、それは「独白」の交換であって、「対話」的な語り合いになりません。おしゃべりが止まって、初めて語ることが始まります。

冗舌なおしゃべりが止んで、しばし沈黙が訪れるとき、聴くことが始まり、生きた言葉で語り直してみることが始まります。話しなれた手持ちの言葉ではなく、いったん言葉を失って、今ここで語られるべき新しい言葉を探し始めます。なかなか言葉にならない思いに耳を傾けます。私のなかの、あるいは、あなたのなかの思いに耳をすませて、手探りで少しずつ言葉に形を与えていきます。

語ることの手前に、聴きとることがあります。

> 生きているということは、語りかけられているということであり、我々にとって必要なのは、ただそれに向かい合って、それを聴くということである。（ブーバー）(7)

耳をすませば、いつも私たちは呼びかけられ、語りかけられている、とブーバーは言います。それは、自分の心の内奥からの呼びかけであるかもしれないし、あるいは、目の前の他者からの語りかけかもしれません。その呼びかけを聴きとって、それに応答する言葉を選びとり、声にのせて語ること。語るべき言葉は、今とここを離れたどこかで、あらかじめ起草できるものではありません。そのつどの現在において、「今自らを表現して語られることを待ち望む性格となった言葉」に耳を傾け、それをていねいに言の葉に乗せて語ってみること。そのとき、「生きた言葉」が人間の間に生成する、とブーバーは言うのです。この生きた言葉が実現するのが「真の対話」であり、あるいは「人間としての人間に固有な事柄」としての「ロゴス」（先の引用では「言葉の世界」）の実現であるのですが、たしかにこのように言うと、なにか日常的な会話からは程遠い事柄のように思われるかもしれません。

でも、日々の会話のなかでも、自分と相手とのあいだに、今ここで、どんな言葉が生まれてくるか、それにいつも耳を傾けながら語る、そういう語り方を意識しておくことはできます。刻々と変化していくライブなその時その場で、語るべきことを語る。何を話すか、あらかじめ脚本にしたストーリーを話すのではなくて。友達と語り合っているときにもそうですが、子どもに物語を語り聞かせるとき、あるいは授業で生徒たちに話すときにも、こういうライブな語り方が生き生きとした言葉を生み出すことがあります。

一期一会の、ライブな語り

ここでもまた、シュタイナー学校の日々の授業が、こうした「生きた言葉」を大事にするものであることに気づきます。教科書のページを開きながら授業をするのではなく、シュタイナー学校のメインの授業では、先生の「語り」が中心となります。教科書や物語を「読む」のではなく、すべて授業の中心的な題材は（とくに低学年から中学年のあいだは、ほとんどすべて）、それぞれの先生が自分のなかにその内容をいったん落とし込み、子どもたちに向かって、それを自分なりの言葉で語りかけるように語ります。「死んだ概念」ではなくて、「生きた言葉」が、そこに生まれてくるように。先生にとっても、それ自体が一回きりの、繰り返しのきかない生きた語りとなります（実際に担任の先生は一年生から事情が許せば八年生までクラスを持ち上がっていくので、先生にとっても授業の内容は、リピートではなく、たえず新しく出会っていくものです）。

教科書に記述してあることを、先生が伝え述べる授業であれば、たとえ聞き逃しても、教科書を読み直して学ぶことができます。でも、シュタイナー学校の授業で語られる言葉は、まったく一回きりの、一期一会のライブ。シュタイナー学校では、保護者であっても、いろいろな学校行事のビデオ撮りを控えます。音楽を聴くのに、録音されたＣＤなどの再生ではなく、生演奏に拘ります。再生して繰り返し観たり聴いたりできるようなものとして、今ここで生きられている時空を扱うことを避けようとするからです。その時その場で生まれてくる生きた言葉は、事前に用意することも、事後に再生することも不可能な、その瞬間にだけ生命をもつ言葉。だから子どもたちも、大切に先生の語りに耳を傾けます。聴きながら、そこで語られる言葉を共有し、その言葉が生み出す世界のなかに、イメージやファンタジーを湧かせながら入り込んでいきます。子どもたちの聴く力と先生の語る力とが呼応して、生きた言葉の世界が教室の時空のなかに出現します。

幼少年期のテレビ視聴は、シュタイナー教育では望ましくないものだとされています。極端な考え方にも思えますが、これまで述べてきたことから、その理由の一端がよくわかるかと思います。つまり、生きた言葉をその都度、目の前にいる子どもたちに向かって語ることを大切にしているからに他なりません。テレビ画面から発せられる言葉は、顔の見えない不特定多数の視聴者へ向けて、見ている子どもが生きているこちら側とは空気も時間も共有していない遠いスタジオから発信されるのです。それは、聞き手である子どもたちのその時々の聞き方に応じて、語り方を変えたり言葉を選んだりしてくれるわけではありません。たとえ余所見をしていても、無関係なおしゃべりを始めても、テレビのなかの人は、こちらへ向けて語り続けます。また、画面の向こうからいくら語りかけられても、こちらからテレビに向かって応答して語り返すことはありえません。「語り合い」が生まれる可能性が、最初からシャットアウトされています。まだ人間の声や言葉に接し始めたばかりの幼少期から、テレビに話しかけられて育つことによって、子どもたちの成長にどんな影響があるでしょうか。語りかける力、耳を傾ける力、語り合う力に、生きた言葉へのセンスに、いかほどの影響があるのでしょうか。

語り聞かせ、語り継ぎ、語り直す

テレビやラジオ、そして絵本さえもなかった頃——それほど遠い昔ではないですが——、子どもたちはきっと、たとえばお祖母ちゃんが語って聞かせてくれる昔話・民話を楽しんだことでしょう。語り部としてのお祖母ちゃんは、聞いてくれる幼な子がいるからこそ語ります。お話をねだり、面白そうに聞いてくれる子どもたちの表情をみながら、語り継がれてきた基本のストーリー展開を、当意即妙にアレンジしながら語り聞かせることでしょう。まさに千夜一夜物語のように、語り継ぎ、語り直しているうちに、オリジナルな新しいストーリーが生まれてくることもあるでしょう。

「(即興の)語り聞かせ」と「(絵本の)読み聞かせ」。絵本であれば、文字を追いながら読んでいくので、その場で一回切りのストーリーが即興で生まれることは、ありえないでしょう。そこが「語り聞かせ」と違うところです(もう一つの違いは、登場人物や場面を、語り聞かせの場合は、まったく自分のオリジナルなイメージのなかで思い浮かべながら聞きますが、絵本の場合は、挿絵が与えるイメージを、自分でイメージする前に受け取ってしまう点です。それでもテレビよりは、自分自身で能動的にイメージを創りだす余地はありますが)。

最後に、「語り聞かせ」のパワーを実感した体験を紹介させてください。かつて我が家の子どもの兄が六歳、妹が三歳で、そこへ赤ちゃん(弟)が誕生した頃のこと。母は赤ちゃんにかかりっきりで、夜寝るときは父(私)が兄と妹を寝かしつけていました。最初の頃は、図書館で借りてくる絵本を読み聞かせていました。あるときから、電灯を消してからも「お話しして」とねだられ、覚えていそうな昔話を思い出しながら語りました。覚束《おぼつか》ないところは、適当にアレンジしながら。この語り聞かせの体験が、新鮮でした。暗闇のなかで、父の左右両側に寝ている幼な子二人が、宙をみつめながら物語の世界に入り込んでいる気配が、とても濃密でリアル。それに、そうやって耳を傾けられると、結構自分でアレンジする新たなストーリーが浮かんできました。そして、子どもにせがまれるまま、オリジナルの物語を語り聞せるチャレンジが始まりました。

数ヵ月も続いた創作ストーリーのタイトルは、「すいすいスイスの水兵さん」。語呂のリズムがよくて、お気に入り。電灯を消して布団に入ると、まず兄と妹は、「すいすい、すいすの、すいへいさん」と、繰り返し呪文のように唱えます。「お話の王様」というのがいて、この呪文を唱えると、その王様が夜ごとに父のもとへお話を運んでくれるのだそうです。そうして子どもと一緒に眼を閉じていると、不思議とお話が届くもので……。スイス出身の水兵さんが、日本の三人の子どもたちと一緒に「せんせん世界の船長さん」の船に乗って世界中の海を旅し、その間にいろいろな出来事が起きる冒険もの。

ときどき兄妹は、「つぎはきっとこうなるのよ」とか、「その子の名前はきっと……」とか、「シー！　あまりしゃべるとお話が逃げていく！」とか言って、お話に入り込んできます。

そのストーリーを話せば切りがないけれど、挿話の一つはたとえば、水兵さんが北極星を見ているあいだに流れ星に交じって降りてきた、キツネ豚のかっこうをした宇宙人の子ども二人との冒険談——子どもといっても一二五歳と一七六歳、その名はウーコとチュースケ：その顔や服装を兄妹はリアルにイメージしていて、ある日クレヨンで描いたのがケッサクでした——。その宇宙人に会いにいくには二つのルートがあって、一つは夢を通して会いにいくルート、もう一つは現実に会いにいけるルート。でも現実ルートで会えるのは、スイスの水兵さんと日本の三人の子のうち二人のみ。あとの人は夢ルートでいくので、朝おきてみると、みんな忘れているか、なんだ夢だったのかと思うだけ……という設定。

夜な夜な、夢と現実が交錯したもう一つの世界と往還するストーリーには、語っている自分がいったいどう展開するのか、ハラハラドキドキしたものです。もはや自分が創作している、という意識がなくなり、つぎつぎ降りてくる言葉を口に出しているだけ。両脇で固唾を呑んで聞き入っている二人の子が、まったく同じイメージをリアルに共有しているのを感じつつ。

閑話休題。冒頭のブーバーの箴言に戻りましょう。

「言葉の世界」は、この小さな私の自我よりも、ずっと大きいこと。言葉は私が所有できるようなものではなく、言葉のなかに人間が住んでいること。語るべき言葉は、それを聞く耳をもっていれば、きっといつも届けられること。それを大切にして、愛と畏れをもって語ること。語り継いでいくこと。あるいは、いつも新たに語り直していくこと。

古来より人類は、語り継がれる昔話や神話をもっていました。いま喪いつつあるその物語を、一人ひとりが語り部となって、自らの声で語り直していくときが来ているのかもしれません。

人間の歴史は、ブレーキのないまま、ゴールの見えない霧の中を走り続けている。だが、もし人間がこれからも存在し続けてゆこうとするのなら、もう一度、そして命がけで、ぼくたちの神話をつくらなければならないときが来るかもしれない。

（星野道夫[8]）

（1）ブーバー（一九六六）『祈りと教え』理想社。なお本稿でのブーバーに関わる論の詳細は、拙著『ブーバー対話論とホリスティック教育――他者・呼びかけ・応答』勁草書房（二〇〇七年）を参照。

（2）二〇〇九年六月一二日、日本国際理解教育学会第一九回大会プレイベント：NPO法人京田辺シュタイナー学校現地見学会にて、多田孝志学会長（当時）挨拶より。

（3）シュタイナー学校の教員養成課程では一般に、「演劇」や「言葉のオイリュトミー」、さらには「言語造型」という語り方、声の出し方の講座が組み込まれている。

（4）ブーバー（一九六九）「共同的なるものに従うこと」著作集第四巻『哲学的人間学』みすず書房。

（5）これは、「ある人について話す」ことと、「ある人に向かって語る」こととの違いだとも言える。ブーバーの三人称的な「私―それ」関係と二人称的な「私―あなた」関係に通じる。

（6）ブーバー（一九六八）「人間の間柄の諸要素」著作集第二巻『対話的原理Ⅱ』みすず書房。

（7）ブーバー（一九六七）「対話」著作集第一巻『対話的原理Ⅰ』みすず書房。この節の詳細は、とくに拙稿「沈黙が語る言葉」矢野・鳶野編『物語の臨界／物語ることの教育学』（世織書房、二〇〇三年）を参照。

（8）星野道夫（一九九五）『旅をする木』（著作集第三巻）、新潮社。この星野の物語の語り直しについてさらには、拙稿「語り直す力——星野道夫の物語に呼応して」宮本・金編『シリーズ物語論三　彼方からの声』（東京大学出版会、二〇〇七年）を参照。

歌う 「うた」は誰にでもあり、来る

成田 喜一郎

なりた　きいちろう／東京学芸大学大学院教育学研究科教育実践創成講座教授。専門はホリスティック教育・社会科教育・国際理解教育・カリキュラム開発・学校組織マネジメント・教育ネットワーク構築方法。中学校教諭・副校長を経て現職。

「うた」は誰《だれ》にでもあり、来《く》る

寺澤《てらさわ》　満春《みつはる》

人《ひと》は何《なに》をかうたう。
喜《よろこ》びに勇《いさ》むうた、怒《いか》りに狂《くる》ううた、
哀《かな》しみに咽《むせ》ぶうた、楽《たの》しみを希《こいねが》ううた。
青《あお》き春《はる》の日《ひ》のうた、朱《あか》き夏《なつ》の日のうた、
白《しろ》き秋《あき》の日のうた、玄《くろ》き冬《ふゆ》の日のうた。
東《ひがし》から昇《のぼ》り来るうた、西《にし》へ沈《しず》みゆくうた、
南《みなみ》へ旅《たび》するうた、北《きた》へ帰《かえ》るうた。
今《いま》をうたい、古《いにしえ》をうたい、
未《いま》だ来《こ》ぬときをうたい、
彼《か》の世《よ》への祈《いの》りのうたを。

人は如何《いか》にか歌う。
路上《みち》に立《た》ち、母屋《おもや》に集《つど》い、
目《め》に見《み》えぬ「信号《しらべ》」を経《へ》て、うたう。
律動《リズム》に乗《の》り、旋律《メロディ》に合《あ》わせ、
和声・和音《ハーモニー》を奏で、うたう。
言葉《ことば》を紡《つむ》ぎ、咽《のど》を振《ふ》るわせ、
身《み》を揺《ゆ》らし、うたう。
汝《あなた》のためにうたい、我《わが》ためにうたう、
そして、その「あいだ」をむすび、うたう。
人は何ゆえかうたい、
何ゆえかうたわぬ。
人には、うた歌う意味《わけ》があり、
人には、うたうたわぬ意味《わけ》がある。

されど、うたうたうも、うたうたわぬも、
ともにうたうたうこと。
音《おと》なき音と声《こえ》なき声で
奏《かな》でるうたにこそ耳《みみ》を傾け、
心《こころ》と身体《からだ》と、その奥底《おくそこ》から湧《わ》き上《あ》がる
「魂《たましい》」のうたを聴《き》け。
「うた」は、いつでも、どこにでも、
誰《だれ》にでもあり、来《く》る。

【解題】

寺澤満春とは、暮らしと学びの中の［事実］に自らの「想像力」という試薬を加えつくる「創作叙事詩」を詠《うた》い、また、しばしば街中でアコースティック・ギターを奏でながら歌を歌うライブ・コンサート活動をしている、「創作叙事詩」人でありシンガーソングライターです。寺澤満春の詩「『うた』は誰にでもあり、来る」は、「人は、なぜ、歌を歌うのか」という本質的で根源的な問いへの応答詩です。そもそもこの問いの答えは一つではなく、当然、この作品も「模範解答詩」ではありません。この問いは、あなたと一緒に永続的に抱え、考え続けていきたいと考えています。

人は、喜怒哀楽、春夏秋冬、東西南北、現在過去未来、そして来世への祈りを詠い歌います。また、人は、路上や室内で直接人々と対話をしながら詠い歌います。また、人は、かつてはレコードやテープ、今ではCD、画像を伴うDVDなどを介しながら、電気信号を通して詠い歌います。そして、人は、「リズム（律動）」と「メロディ（旋律）」と「ハーモニー（和声・和音）」という音楽の三要素に合わせ、時に、あのフラメンコのように「歌詞」と「踊り」と「楽器（ギター）」で情熱的に奏で詠い歌います。また、人は、目に見えぬ何かを含む「他者」や今ここにいる「自ら」の想いや願いを詠い歌います。さらに、「他者」と「自ら」との「あいだ」を結び詠い歌うことがあります。

詩や歌は、しばしば撞着語法 Oxymoron により、

「理想」と「現実」という相反する概念をつなげ、「現実的な理想」や「理想的な現実」を描き出し、人々の「心の平地に浪を呼び起す」（萩原朔太郎『詩の原理』）ものです。

　詩や歌は、わたくしたちの暮らしや学びの中で、生きる力を与え内面的なよりどころとなり、新しいものを創造し、破壊的なものをも生み出し、そして、破壊的な力を見通し変革するという、四つの機能を有する「想像力」（内田伸子『想像力―創造の泉をさぐる』）をかき立てますし、また、かき立てられた「証」でもあります。

　しかし、詩や歌は万人のものか、万人が受容できるものなのか、という問いを立てると、いささかの不安を覚えざるをえません。単にその詩や歌は、うた《詠・歌》いたくないという好き嫌いに止まらず、「理性的感性」のもとに「拒絶」される場合もあるからです。たとえば、「地図の上朝鮮国にくろぐろと墨をぬりつつ秋風を聴く」（石川啄木）、「小早川加藤小西が世にあらば今宵の月をいかに見るらむ」（寺内正毅）という短歌があります。これらは、同じ歴史的事実である「韓国併合」を詠った歌ですが、あなたは、二つの短歌をどう受け止めるのでしょうか。きっと、その詩や歌を声に出してうたいたくないという人が、音なき音、声なき声で「身体《み》」をもって詠い歌う歌もあるはずです。そうした湧き上がる「魂」の詩や歌にも耳を傾けることを忘れてはならないのではないでしょうか。

　寺澤満春のこの詩は、「人は、なぜ、歌わないのか」という問いへの応答も包み込んだ応答詩でもあります。そうした文脈の中で、「『うた』は誰にでもあり、来る」と主張しています。もし、あなただったら、この本質的で根源的な問いに対してどんな「応答詩」をうた《詠・歌》うのでしょうか、ぜひ、あなたの「想像力」を存分に働かせ、うた《詠・歌》ってください。

読む　本と歩く

山浦　恵津子

やまうら　えつこ／大阪生まれの大阪育ち。東京在住。日本アントロポゾフィー教員養成講座修了。自宅にて、マクロビオティック料理付きのおしゃべり会「いどばた」を主宰。千葉県の公立小学校を退職し、現在、大学院にて、哲学に夢中。

探しつづける

趣味が読書という人は多いかもしれません。私もとにかく、「本の虫」。

長いおさげをふりまわして、やんちゃをしていた私が「本」という記憶を鮮烈に持ったのは、小学校三年生の時です（九歳というのは、やはり変わり目ですね）。友だちの家に遊びに行ったら、その人のお父さんの部屋が本だらけでびっくり。何かに打たれたようになったのをはっきりおぼえています。昭和三十年代の初めの片田舎、「ALWAYS　三丁目の夕日」の頃ですから、人々はみんな貧しく、そんな大量の本を見たのは初めてでした。その日、その子のお父さんに本を選んでもらって借りるのですが、それが『キュリー夫人伝』（今は、ジェンダー・フリー的に『マリー・キュリー伝』）。この本から、私は「女性も仕事をし、自立して生きるべき」と思い込んでしまった節があります。理科系に進路をきめたのもこれからです。辛いことに、この友だちは一年後の四年生の時、電車に轢かれて亡くなってしまいました。

その後、本ばかり読んでいて、目の悪い小学生なんてあまりいない時代に、私一人厚い眼鏡をかけていました。それなのに、かくれんぼで納屋に隠れた時、もれくる光でそこにあった新聞を何時間も夢中で読んでいたり、親戚の家に行った時は、近くに貸本屋さんを見つけ、そこが気に入って何日も泊めてもらい、借りた本を寝ないで読み続けたり、無謀なことをしていました。活字の中になにかを探していたようです。

迷いつづける

中学時代は仲のよい友だちとモンゴメリの作品の登場人物の名を愛称として呼び合い、日常と文学が渾然一体。ヘルマン・ヘッセ、トルストイ、ジイドなど翻訳ものばかり読み、キリスト教に惹かれて、教会に通っていました。神さまも本からです。

高校の「倫理」の授業で、魂を問うソクラテスや樽に住むディオゲネスに出会った時はものすごくうれしくて、ますます本の世界が大切になりました。その頃は亀井勝一郎、倉田百三などにも興味をもち、お寺まいりが好きでした。

特に、原口統三の『二十歳のエチュード』には異常に惹かれ、人生は短い方がいいのではないかと、思ったりしました。その時の思いは、息子を二十歳で亡くし気持ちの整理ができなかった時、大いに助けになりました。不思議というか、でき過ぎた天の采配です。

大学生の時は全共闘時代で、他大学の人や労働者の人たちとマルクスの読書会をしていました。壁新聞、立看、ビラ、宇井純さんの自主講座などからもらったパンフレット類を熱心に読みました。読んで語り合う時間がたっぷりあったこの頃は、とても充実していました。でも、「沖縄の人たちは苦しんでいるのに、あなたのぬるい生き方は間違っている」なんて言われて、道に迷っている感じでした。

個人的には実存主義に興味をもち、卒論を「サルトルの社会参加論」にしたこともあって、その系統の本をよく読みました。本の影響を受けやすい私はなんとなく実存的(?)で卒業式に出ず、結婚式もやらずといった儀式嫌いになっていました。上京して来た父親は、偏りすぎた娘の本箱を見て、少し不安を覚えたようです。

問いつづける

仕事に就いて、子どもたちにふれたり、子安美知子さんの『ミュンヘンの小学生』以来、シュタイナー関係の本を読むにつれ、少しバランスを取り戻したかもしれません。ジョン・ミラーさんの『ホリスティック教育』に出会ったこともとても大きいことです。出産もいのちへの気づきや現実に根を下ろすことを教えてくれました。

　三人の子育て中は、子どもと一緒にたくさんの児童書を読みました。子どもが本に目を輝かせるのに出会い、私も楽しみ、仕事にも役立ち、幾重にもありがたいことです。

　ほかでは、歴史の事実を掘り起こす本にたくさんの感動をもらいました。世の中には、大逆事件や下山事件にかぎらず、隠されたり、埋もれたりしている歴史がたくさんあります。東京に住んでいると、これらの本の著者に出会うことも多く、真実を明らかにしたいという並々ならぬ情熱を感じます。そして、読ませてもらう側も歴史の真実のために何かをしたいという思いになります。

　ところで、いくら「本の虫」といっても、仕事をしている時はなかなか読む時間は取れません。今、退職して少し時間ができましたので、「虫」になっています。読みたい本は山ほどありますが、まず、私の頭の中のマルクスとサルトルとシュタイナーの交通整理をやりたいと思います。それで、哲学書は一人では歯がたちませんので、大学院入院を決意。錆びかけた頭にカント、ヘーゲル、ハイデガーの原書講読の日々。少しは交通整理ができるでしょうか。蔵書はどんどん増えて、私の部屋からあふれ、子どもの部屋、階段まで延びて、我が家に来た人はびっくり。

　これからも、さまざまな本と出会い、激しく影響を受けながら、自分の生き方を問いつづけたいと思います。

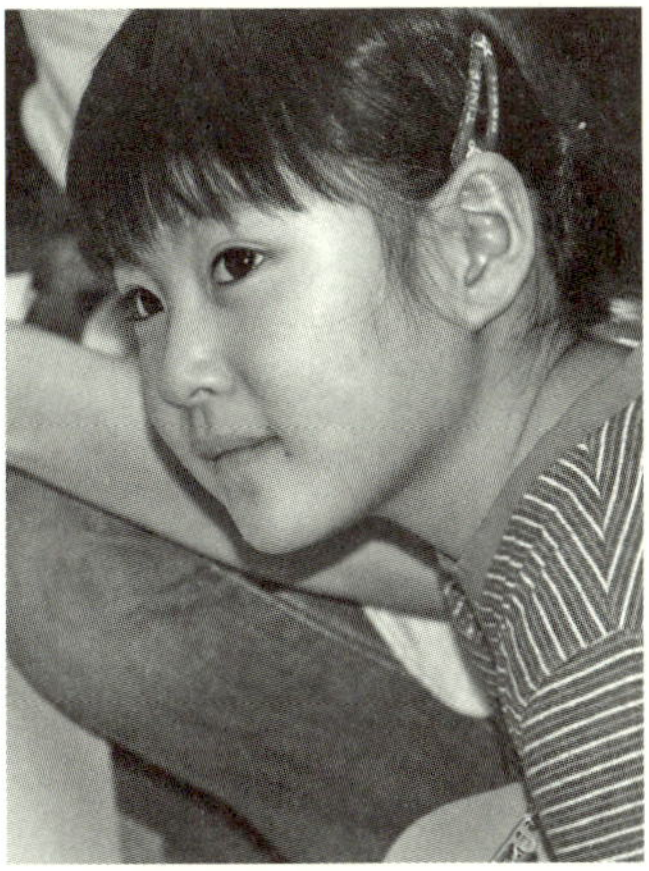

祈る

目に見えないものとのコミュニケーション

今井　重孝

いまい　しげたか／青山学院大学教育人間科学部教員。ルーマンのシステム論や現象学的な見方とシュタイナーの教育学を結びつけることにより命の通ったホリスティックな教育学が生みだされるのではないかと考えている。

祈りと感謝

自分の人生の中で一度も祈ったことはないという人は、まずいないでしょう。なぜでしょうか。現実を自分の願う方向に変えたいという強い思いと、それをかなえてくれるであろう高次の力の存在をどこかで信じているからでしょう。

無宗教といわれる現代日本において「祈り」が日常的に行われているとすれば、それは人間の本質に深く関わっているといえるのではないでしょうか。願い（自分が望ましいと思う状態）を持ち、それを実現する祈りの力を信じているということ、これは宗教の根源にも関わることなのかもしれません。

人間はより望ましい状態を目指す本性を持ち、その状態の実現を助けてくれる高次の力への信仰を持つこと、この二つの条件は祈る人のすべてにおいて無意識に前提とされていることでしょう。

仮に祈りの力を信じないという人がいるとします。その人が病気になり、その人のことを心配した人々が、その人のために毎日祈ってくれていたとします。その人がその事実を知ったとき、その人はうれしく思うのではないでしょうか。自分のために祈ってくれる人に対して、ありがたいと思うのは、人の常でしょう。では、なぜ、祈りに対して感謝の念がわくのでしょうか？　心配してくれたその気持ちがうれしいのでしょうし、祈ることに含まれる思いの神聖さに打たれるからではないでしょうか。

そうであれば、毎日誰かのためにお祈りすることは人助けになるのではないでしょうか？　毎日の生活の中に祈りを取り入れるということは自然なことではないでしょうか？

過去からの祈りと未来からの祈り

ルドルフ・シュタイナーは、祈りにはエゴイズムが混ざる危険性があると指摘しています。自分にとって都合のよい願い事を神様に述べ立てるような祈りに傾きがちな危険性があるというのです。日本人の初詣で一体何が祈られているのでしょうか？　推察するに、自分に都合のよいお願いが多いのではないでしょうか。

しかし、それは祈りの本質ではないとシュタイナーは言っています。では、祈りの本質とは何でしょうか？シュタイナーによれば、祈りの道には二つの道があるといいます。

一つは過去から流れてくるもので、過去について私たちはあの時あんなことはしなければよかったとか、あの時こうすればもっとよかっただろうとか思います。つまり、われわれの中には実際のわれわれよりも優れた存在が住んでいるということがわかります。このことにじっと思い入ると、内なる高次の自我に対する感謝の念が沸いてくるというのです。この感謝の念こそが過去からの流れの道による祈りであるというのです。

もう一つの祈りの道は未来から流れてくると言います。未来に対して私たちは一般に不安を抱き、不幸がおきないように、事件に巻きこまれないように、病気にならないようにと願います。しかし、これはある意味利己的な願いでもあるのです。未来の祈りの場合、何が起こってもそれを自分の魂の向上の機会ととらえ、決して自分のためにならないような出来事は生じ得ないと感得したときに、出来事をひたすら感謝を持って引き受ける気持ちが生まれてきます。この気持ちは「神様の御心のままに」という気分で言い表すことができます。そのとき不安は無くなり、われわれは未来に明るい希望を持ち続けることができるのです。祈りの気分とは感謝と委任なのです。一日の間に何回かこうした気持ちで祈りをささげると、祈りはエネルギーとなってわれわれに実際的な影響を与えてくれるのです。

祈りの力

　祈りのさらに高次な段階について、シュタイナーは集団による祈りを示唆するにとどまったようです。しかし、シュタイナーが死亡した後のことですが、病気の治癒を祈ってもらった患者と祈ってもらわなかった患者を比較すると祈ってもらった患者のほうが回復が早い、といった実験結果も紹介されたことがあります。また、聖者マハリシのグループが町で祈るとその町の犯罪率が減少し、やめると元のように高くなるといったデータも紹介されたりしています。今や、集団の祈りの力にも目が向けられる時代になってきたのですね。

　祈りには目に見えない力があるのです。そのことを信じて、朝晩二回祈りをささげる習慣をつけたいものです。

その結果については、それぞれが自ら確認することができることでしょう。

5章

作り、磨き、描き、書く

作る

見えるものと見えないものをつなぐ「作る」という行為

金田　卓也

かねだ　たくや／大妻女子大学教授。東京大学大学院客員教授。専門は芸術教育。キッズゲルニカ国際子ども平和プロジェクト国際委員会代表。主著『ストレスのない子育てとシンプルライフ』（創成社）絵本や紙芝居も制作。

私はこれまで自分のやってきたことを振り返ってみると、「ものを作る」ということと「スピリチュアルな世界」、いいかえれば、「見えるもの」と「見えないもの」はどうつながるのだろうかということを繰り返し問い続けてきたように思います。

絵本の制作や芸術教育を通して、造形美術の世界にずっと関わってきましたが、造形美術というものは、イメージという直接目に見えないものを絵画や彫刻のような実際に見ることのできる実在の形に作る行為です。「造形」という言葉は、その漢字のとおり、形を作るということにほかなりません。

一方、インド文化と長年関わる中で、スピリチュアルな世界というものの奥の深さを実感してきました。最近、スピリチュアルという言葉が、「前世」や「オーラ」という狭い意味だけにとらえられがちですが、スピリチュアルな世界とは物質的なものを超えたところにある豊かな広がりをもった世界であり、それはまさに目に見えない世界であるといってよいでしょう。

スピリチュアルな世界へ導くために体系化されたものが宗教ですが、仏教であれ、キリスト教であれ、そこで強調されていることは、物質的な執着からいかに離れるかということです。ものを作るということは目に見える形に関わることであり、ある意味で物質的なものへの執着心の強い現れといえなくもありません。そうであれば、目に見えるものにこだわる造形美術と目に見えないスピリチュアルな世界、いいかえれば、目に見える世界と目に見えない世界とは本来相容れないものなのでしょうか。

プリミティーヴな社会におけるもの作り

まず、「もの作り」そのものである造形美術の視点から「作る」という行為について考えてみましょう。人類最初の美術といわれる先史時代のラスコーやアルタミラの洞窟絵画は薄暗い洞窟の奥深くに描かれ、その前で狩りの豊饒を祈願する宗教的な儀礼が行われていたと推測されています。また、古代から世界各地でドルメンやメンヒルといった巨大石造物が作られてきました。イギリスのストーンヘンジはよく知られています。日本の古墳もその一種だといえるでしょう。

このような巨大な造形物がなぜ作られたのか、明確な理由はわかっていませんが、死者の霊を弔ったり、なにか宗教的な儀礼と関係していたといわれています。いいかえれば、その作られた場所はスピリチュアルな世界への入り口だったに違いありません。洞窟壁画や巨大石造物を見ると、「作る」ということは、その起源において、スピリチュアルな世界と深く結びついていたことがよくわかります。

私がフィールド調査をしたことのあるネパールのタライ平原の先住民であるタルー族の人々は現在でも自

然と密着した自給自足的な生活を送り、ヒンドゥー文化以前の自然の中に精霊《スピリット》を見出すプリミティーヴな土着的信仰を残しています。彼らの日常生活の中には、農耕の道具から住居の建築にいたるまで「もの作り」が生きています。

タルーの人々のもの作りは自然とも深く関わっています。家を建てる材料も、身近なジャングルの木や土が使われます。宗教儀礼のときには、土で作られた住居の壁を牛糞を混ぜた土で清め、その土壁に米を潰した白い粉で太陽や象や馬などの動物の姿をシンボリックに描きます。壁画だけではなく、土壁の上に半立体のレリーフを作ることもあります。

描かれた壁画が風雨にさらされ、次第に消えてゆくことを気にかけることもなく、また新しい壁画が制作されます。タルーの人々にとっては、完成された壁画そのものよりも、その制作プロセスが祈りの行為としてより重要な意味をもっているのです。そこには、北米先住民であるナバホ族の砂絵に共通するところがあります。

タルーのようなプリミティーヴな暮らしをする人々にとっては、壁画を制作すること、それ自体が祈りの行為そのものであり、その点においては、ものを作るという行為とスピリチュアルな世界を求めることは矛盾しないように見えます。

信仰と造形

よく知られているように、イスラム教では偶像崇拝が強く否定されています。つまり、神様の像を拝んだりしてはいけないということです。したがって、神様の姿を描くことも強く禁じられ、礼拝をするための建造物であるモスクの中には信仰の対象としてアッラーの像が置かれているわけではありません。なぜ、偶像崇拝が厳しく禁じられるかというと、超越的な神の存在というものは人間の知覚ではとらえきれないものであり、それを物質的な造形物にしようとすること自体不可能であると考えられているからです。

仏教やキリスト教では、むしろ、彫刻であれ絵画であれ、仏像やキリスト像というものがすぐ目に浮かびますが、どちらの宗教においても、その出発点においては、仏陀の像を作ることも、イエスの像を描くことも行われていたわけではありませんでした。

初期仏教においては、仏陀自身の姿は直接描かれたわけではなく、仏足石という足の形で示され、また、悟りは菩提樹、そして布教は法輪という形で、それぞれ象徴的に表現されていました。偉大な仏陀の存在そのものを人間の姿で表すことはできないと考えられていたからです。仏陀の入滅後五〇〇年以上経過して後、インドのガンダーラとマトゥラーというそれぞれ別々の地域で仏像が誕生することになります。

初期キリスト教においても同様でした。救済者キリストの姿は鳩や錨や魚などのシンボルで表されました。旧約聖書の「出エジプト記」には偶像を造ってはならないと明言されていますし、新約聖書でもヨハネの第一の手紙の最後に偶像を警戒するよう述べられています。神様の存在そのものが人間を超えたものであり、それを人間が形作り拝むことを戒めしているのです。造られた偶像それ自体が信仰の対象となってしまって、宗教の本質が見失われてしまうことへの危惧もあったと思います。

時代が経つにつれて、壮大な仏教寺院やキリスト教の教会堂が作られるようになり、その内部に設置するために仏陀やキリストを表した数々の絵画や彫刻が生まれるようになります。宗教的な世界＝スピリチュアルな世界を形あるものにしたいというのは、ある意味で、人々の信仰心から生まれる自然な願いであったともいえるでしょう。

ヨーロッパの壮麗な教会を訪れるとき、天に向かって建てられた建築としてのすばらしさとともにステンドグラスを通した柔らかな光の中、宗教的な世界を表現した絵画や彫刻に圧倒されます。そうした巨大な財力を投じた、地上に天上の世界を作り上げようとする試みばかりではなく、田舎の小さな教会にある木彫りのキリスト像や板に描かれた素朴なマリア像からも深い信仰心が伝わってきます。そこには、日本のお地蔵さんの姿につながるものがあります。

「作る」という行為は「祈り」の行為であることによって、目に見えないスピリチュアルな世界と結びつきます。その意味においては、技術の粋と財力の限りを尽くして作られた壮麗な教会建築と素朴なマリア像や路傍のお地蔵さんとの間に本質的な差異はないといえるかもしれません。

フランス、ストラスブールの大聖堂（写真提供／金田）

伝統工芸と職人芸

祈りの行為としてスピリチュアルな世界を求める「作る」という行為は、技術的巧拙とは関係がなく、必ずしも、ものにこだわることではないといえるでしょう。ここで、少し視点を変えて、とことんものにこだわるということについても考えてみたいのです。

それは、陶芸、彫金、鍛金、鋳金、染色などといった伝統工芸におけるもの作りの精神のことです。こうした伝統工芸の分野では、素材や技術に徹底的にこだわります。その妥協を許さない職人芸的なこだわりによってすばらしいものが作られてきました。

最近は下降線を辿っているといわれますが、日本の経済発展を支えてきたのは、まさにそうしたもの作りの精神だといってよいでしょう。日本の工業製品の品質の高さというものは、町工場の職人芸的なもの作りの技術によって支えられてきました。日本の職人技的なもの作りの技術は航空機を軽量化するための金属加工やあるいは携帯電話の極小部材などに生かされています。現在の日本経済不振の一因はそうしたもの作りの精神が失われてきたからだともいわれています。

女子大生を相手にしている私の授業でも、学生たちのものを作る基本的技術が年々低下しているということを実感しています。カッターを使うとき、刃を反対にして切ろうとしたり、なかには、定規をあててカッターを使って紙を切るということさえできない学生もいます。布を使って指人形を製作しようとするとき、型紙のことを硬い紙だと思っている学生がかなりの人数いたりと、笑い話のようなことが続いています。

彼女たちのもの作りの体験の少なさと、そこから来る基本的技術の欠如を責めることはできないようにも思います。実生活では、縫い物をするといったことすら必要がなく、破れても、繕うより新しいものを買った方が手間もかかりません。

伝統工芸や町工場の職人芸に見られる、ものに徹底的にこだわる「もの作り」の精神というものは、スピリチュアルな世界と矛盾することなのでしょうか。伝統工芸に携わる人たち、また町工場の職人芸的技術を伝える人たちに共通しているのは、素材に向かう真摯な姿勢というものです。それは、先に述べたこととまた別な意味において、「祈り」の行為に似ているようにも思われます。

そこにある直向《ひたむき》なもの作りの姿勢は、インドの『バガヴァッド・ギーター』によって伝えられるカルマ・ヨーガの考えを思い起こさせます。カルマ・ヨーガというのは、行為の結果を求めない無私・無執着の行為といってもよいでしょう。結果を求めず自分のやるべきことをやることによってスピリチュアルな世界に近づくことができるというのです。

『ギーター』の中でスピリチュアルな道を求める上で三つの異なる道が説かれています。ヨーガとは心と身体の統一を意味し、その統一された状態に至る道として三つの道が示されています。「智慧」の道としてのギャーヌ・ヨーガ、「行為」の道としてのカルマ・ヨーガ、そして「献身」の道としてのバクティ・ヨーガという三つの道です。

先に述べたタルーの土壁の壁画や路傍のお地蔵さんを作ることは、ひたすら信じ、祈るという献身のバクティ・ヨーガに通じるものだといえるかもしれません。

全身全霊をかけて作るということに向き合っている伝統工芸や職人の世界を見てみると、ものにこだわり続けているともいえますが、作るという行為そのものが、「行為」の道であるカルマ・ヨーガになっているようにも思います。多くの工芸家や職人たちが、「よい作品やよい製品を作ろうという気持ちが強いとかえってうまくいかず、むしろ、無私の状態からすばらしいものが生まれる」といっていることからもうなずくことができます。

伝統工芸でよくいわれる言葉に、「自分で材料をなんとかしようとするのではなく、心を謙虚にして素材に向かう」というものがあります。また、ある木彫りの職人は、「私が木を彫るのではなく、彫ってくれという木の言葉に従っているんです」といっています。それはまさにものの精霊の声といってもよいでしょう。

創造すること

造形美術に関することから始まり、伝統工芸や職人仕事における「作る」ことの意味について考えてきました。すべて直接、物質に働きかけるという意味での「作る」という行為でしたが、次に、造形美術だけではなく、より広い意味での芸術、アート一般について考えてみることにしましょう。

芸術あるいはアートというとき、その言葉の意味するものは、いわゆる、素材を実際に目に見える形に作り上げていく造形美術にとどまらず、音楽や文学も含まれますが、作曲にしても詩作にしても、音や言葉を素材に新しい世界を創り出すことだといえます。しかし、同じ芸術であっても、音楽や文学では直接、物質としての形を作るわけではありません。作品を作ることは必ずしも物質に関わるとは限らないということです。

造形美術では「見えないもの」であるイメージというものを正に「見える」形にしていくことですが、一方、音楽や文学において、音や言葉そのものは決して目に見えるものではありません。それでも、「曲を作る」とか、「詩を作る」という言い方をするのは、新しいものを創り出すという意味からでしょう。

芸術作品を作るということだけではなく、「作る」という言葉は、日常生活でより広い意味で使われています。「料理を作る」、これは食材という物質に直接関わっています。「友達を作る」、対象は人間ですが、ここで作られるのは友人関係という物質的なものではありません。「ルールを作る」、規則や法律など、具体的な物質ではない抽象的な概念を作ることもあります。

このように考えてみると、「作る」という行為の本質は、必ずしも物質を具体的な目に見える形にするところにあるのではなく、むしろ、それまではなかった何か新しいものを生み出すというところにあるのかもしれません。

その意味では、「作る」とは「創る」ことであり、クリエイトするところがポイントだといえるでしょう。「創る」＝創造するという意味ですが、創造の「創」も「造」も「つくる」という意味をもっています。

それでは、「創る」＝創造するということと「目に見えない」世界の関係はどうなるのでしょうか。単なる言葉遊びにならないよう気をつけながら、考えてみましょう。

「創造」はまったく無から生まれるわけではありません。まず、ある考え、アイデアやコンセプトがあって、それを具体化していくプロセスが創造するという行為だといえます。その出発点にあるアイデアというものは目に見えるわけではありません。

創造と想像、日本語ではどちらとも同じ読みをしますが、創造（creation）するということは、想像（imagination）することと不可分の関係にあります。実際に目に見えるわけではないアイデアやイメージなしに、創造することはできないといえます。

古今東西、さまざまな詩人、音楽家、画家たちによって、創造の源泉の不思議さについて語られてきました。ヴァイオリン奏者、ユーディ・メニューインの言葉はそのことを端的に表しているように思います。「創造性というものは、恩寵ともいうべき状態から生まれるものであり、知性と心と魂がひとつになる一点を目指しているように見える。そこでは時間と空間がひとつになる」。

このように、美を求める芸術的創造は常に神秘的なものであり、目に見えないスピリチュアルな世界と切り離して考えることはできないといえるでしょう。

スピリチュアルな道を求めたインドのシュリ・オーロビンドは、「芸術というものは永遠の真実を表現することができる。それは目に見える形を超えている」といいます。

近代以降、西洋の芸術はどれだけ自己を表現できるかということを主眼にしてきたのに対して、東洋のスピリチュアルな伝統ではどれだけ自己を捨てることができるかということが求められてきました。インドの詩人ラビンドラナート・タゴールは「東洋において、芸術は瞑想と同じものである」といっています。

ギリシャ正教のイコン

この点、常々考えることは、書画の達人でもあった禅宗のお坊さんたちはどうだったのであろうかということです。悟りの境地に達した上で「目に見える形」にこだわったのか、あるいは、目に見える形にこだわらずにすばらしい作品を作ることができたのかどうかという問いです。これはまさに禅問答のようになかなかむずかしい問いです。

滋賀県の中学校の美術教師をされている曹洞宗のお坊さんから、最近、こんな話を聞きました。
「私はアトリエで彫刻の制作に没頭しているとき、心のエンジンの回転数を上げていくんですね。どんどんその回転数を上げていくと、禅でいうところの無我の境地に近くなる、そういえると思います。そうして、夜、アトリエから帰るとき、空を見上げると、月がいつもと違ってより美しく見えるんですよ」。

禅の修業をされ、彫刻家としても活躍し、禅と芸術、両方の本質を真摯に追求されている、自称アート坊主のこの先生の言葉に、見えるものと見えないものをつなぐ「作る」という行為に関しての問いへの鍵が隠されているように思いました。

ものを作り続ける現代

芸術の創造は目に見えないスピリチュアルな世界と結びついているということを指摘しました。創造とは芸術の分野だけに限られるのでしょうか。創造の原義は「新しいものを作り出すこと」です。現代文明は科学技術の発達とともにおびただしい数の創造物を作り出してきました。今、この原稿を書いているパソコンの細かな部品一つひとつが新しく作り出されたものでできあがっています。

美を求める芸術的創造はスピリチュアルなものであり、機械の部品の創造はそうではないのでしょうか。また、新しい疑問が生まれます。音楽や絵画だけではなく、パソコンの部品の製作についても含めて語らないと、創造することにつながる「作る」という行為の本質は見えてこないでしょう。

類人猿から進化した人間について語る言葉として、ホモ・サピエンス（知恵を持った人間）とともに、ホモ・ファーベルというものがあります。工作人とも訳されますが、それは、道具をもってなにかを作り出す人間であり、労働の原点も示しています。文明発達の源となった火を熾《おこ》すことも、道具を用いて火を作り出すことにほかなりません。

作ることは、はたして、人間だけに限られたことなのでしょうか。昆虫のハチでさえ、美しい形の巣を作ります。

自然と一体になって暮らすタルー族の人々にとって、孔雀はもっとも美しい鳥として崇拝の対象であり、孔雀の羽を身に着けて、自らが孔雀の姿になって踊る習慣があります。孔雀ばかりではなく、タライ平原のジャングルには数多くの美しい鳥が生息していますが、タルーの人々の間に伝わる話に、「小枝や藁を集め、見事な巣を作る鳥たちの姿にジャングルのサルたちが驚嘆した」というものがあります。もの作りとは自然に手を加えることであるといってもよいでしょう。その原点は人間以外の生き物の中にも見出すことができます。

洞窟の寝床に柔らかな植物を敷くとき、動物の毛皮を身にまとうとき、作るという行為は始まっています。狩猟の時代であっても、弓や鏃を作り出しました。狩猟採集の世界から農耕を始めるようになって人間の「作る」という行為は飛躍的に発展します。農作物という言葉が象徴しているように、植物を植え育て収穫するという農業も「作る」ということと重なります。稲作のための水田を作るためには相当な技術と労働を必要とします。

文明の発達とはものを作ることの拡大であるともいえます。手工業であれ、工業とはものを作り続けることであり、工業化された私たちの暮らす現代社会は「作る」ことによって成り立っているともいえるでしょう。それは二重の意味においていえます。まず、衣食住すべての点において私たちは、作ること、あるいは作られたものなしには生活していくことができないということです。

身に着けるものが既製服であっても作られたものであることに変わりはありません。食生活においても、食事は料理を作ることから始まります。味噌や醤油から冷凍食品にいたるまでその素材も作られたものがたくさんあります。住むところについて見れば、一戸建てであれ、マンションであれ、建築はさまざまなパーツでできあがった複合的な造形物だといえます。

もうひとつの点は、私たちの生活を支えている経済活動もまた作る＝生産することによって成り立っているということです。農業であれ、工場生産であれ、作り続けることによって経済的価値を生み出しているのです。

学生時代、インドを旅行し、自給自足的な素朴な暮らしをする人たちと出会い、日本に帰ってから、車もテレビも要らない生活にあこがれたことがあります。

実際、自動車ではなく自転車を使い、テレビもほとんど見ない生活は今もほとんど変わりませんが、師と仰ぐ名古屋の禅寺のお坊さんに「確かに人間は車なしでも生きていける。しかし、だれも車に乗らんかったら、愛知の自動車工場の人間はみな失業してしまう」と諭されたのを覚えています。

生きていくということは、なにかを作り続けるということでもあるのです。現在あるような快適な生活を続けようとする限り、次から次へと新製品を生産し続けなければなりません。別にもっと便利なものは要らないといっても、私たちの生活を支える経済活動それ自体がものを作り続けることにストップをかけることができないのです。

「寒くも暑くもない場所で、腹をすかすことなく、おいしい食事がいつも食べられる――便利で快適な生活」という願望、それは洞窟に暮らしていた太古の時代から、人間にとって目に見ることのできない大きなイデア（理想）であり。イメージ（夢）だったといってもよいでしょう。

さまざまなものを作り、生産することによって、その夢を当たり前のように実現させることができたにもかかわらず、今度は「幸福はものでは叶えられない」と言い出します。世界の中にはまだその夢が叶えられていない人々も存在しているというのに、人間の心と

ミャンマーの仏教レリーフ画

いうのは実に勝手なものです。

深刻化している環境問題の多くが、まさに過剰にものを生産し続けてきた結果が原因になっていることはいうまでもありません。環境問題に限らず、ものを作り続ける工業化社会はさまざまな心の問題を生み出していることも事実です。

先に見てきたように、ものを作るということは目に見えないスピリチュアルな世界をつなげていく役割をしているのにもかかわらず、ものを作り続けることによって、私たちを目に見えないスピリチュアルな世界からますます遠ざけてしまう結果になっているようにも思えます。

もちろん、エアコンの効いた部屋で原稿を書き、インターネットでその原稿を送信するということをしている私には、環境問題の原因は便利なものを作り出してきたことにあると簡単に批判する資格はないといえます。

人間は常に何かを作り出してきました。常に何かを作り出さずにはいられないというところに人間が生きることの本質的特徴があるといってよいのではないでしょうか。何かを作る限り、ゴミも出る、それは、食べる限り、排泄しなければならないということにも似ています。人間は、生きるためには食べないわけにはいかず、また、食べるためには何かを作らなければならないのです。

不殺生を目指した完全な菜食主義がむずかしいと同様に、完璧にクリーンなもの作りというのも不可能に近いことです。私たち自身が、「目に見える」現実世界に肉体を持ち、食べ、排泄し生きている存在である限り、その矛盾を引き受け、悩まざるをえないのかもしれません。

最後に冒頭での、「作ることにこだわることと目に見えないスピリチュアルな世界とは本来相容れないものなのか」という問いをもう一度繰り返してみましょう。

必ずしも有用性を目的としていない芸術の創造というものは、ある意味で、それ自体が目に見えないスピリチュアルな世界を求める行為だといえます。一方、アートであるとは少しも考えていないけれども、作業のひとつひとつに心が込められている町工場の真摯な職人の仕事の中にスピリチュアルなものを見出すことも可能です。作ることがスピリチュアルな世界に結びつくかどうかということは、作り手の心のありようにかかっているといった方がよいのかもしれません。

インドのアグラにあるタージ・マハルの話を思い出します。タージ・マハルは、シャー・ジャハンにより亡くなった妃のために二〇年以上の年月をかけて作られ、世界でもっとも美しい建物のひとつとなったのです。アグラを訪れたとき、月夜に浮かぶ白亜のタージ・マハルの姿はほんとうに神秘的で美しいものでした。

このタージ・マハルに関して、完璧なまでに美しい建物の中で唯一、不釣合いに見えたものが愛する妃の棺であるという話を聞いたことがあります。愛してやまなかった妃の思い出のために造り始めたタージ・マハルであるのに、肝心の妃の棺が必要なく見えてくるとは……この話は「ものにこだわること」と「目に見えないスピリチュアルな世界」の微妙な関係を象徴しているように思います。

この微妙な関係に自覚的になること、それが、「目に見える世界」と「目に見えない」世界をつなぐホリスティックな生き方のコツであるといえるのかもしれません。

Menuhin, Y. (1987) L'art : Espoir pour l'humanité. Editions Buchet/Chastel, Paris, p. 209.

磨く

磨くことで磨かれるものとは

遠藤 信也

えんどう　のぶや／元高等学校美術・工芸科教員。同時に、金属工芸作家として日本新工芸展・日展等に出品。現在は、東京大学大学院教育学研究科にて、工芸と教育とのかかわりについての研究を進めている。

磨くということ

私たちの周りには、さまざまな磨くという行為があります。〈歯を磨く〉〈床を磨く〉〈靴を磨く〉などは日常生活に欠かせない行為ですし、漆職人の〈炭研ぎ・胴ずり〉や日本刀の刃文を美しく見せる〈刀剣研磨〉などは、高度な技法を要する職人の技です。また、私たちは〈女を磨く〉〈心を磨く〉〈腕を磨く〉などのように、直接目に見えないものも磨きます。

それでは、似たようなことばですが、〈腕を上げる〉と〈腕を磨く〉にはどのような違いがあるのでしょう。辞書には、〈腕を磨く〉とは、「技能が上達するように訓練すること」とあります。〈腕を上げる〉ということばにも、訓練をするという意味は含まれていると思いますが、〈腕を磨く〉とは、単なる結果についての評価だけではなく、その結果を目標に努力することに重きをおく表現なのでしょう。実際、〈磨く〉という行為は、単に汚れを取ったり、光沢を出すというような目に見える結果だけではないものに、その効果を及ぼしているように思います。それは美術教師として高校生と関わっていた体験の中から感じたことです。

磨くことで得られる、ピッカピカに光り輝く質感には魅力があります。今や携帯音楽プレーヤーの定番となったiPodには、その裏側に鏡面仕上げが施してあるものがあります。鏡のごとく周囲がうつり込むその質感は、iPod人気の一翼を担っています。この仕上げは新潟県燕市の職人さんが、一つずつ手で施しているそうです。このような作業は〈研磨〉と言いますが、磨くという行為の中でも、光沢を出すという段階にあたるものです。

私は、この鏡面仕上げという作業を高等学校芸術科工芸の授業に取り入れてきました。厚さ三～四㎜の真鍮板を切り抜き、ペーパーナイフを作るという題材です。真鍮はそのままでも黄金色の輝きをもっているのですが、糸のこで形を切り出したり、やすりで周囲の形体を整えたりする作業で、地金の表面にキズがついてしまいます。そのキズを消し、光沢を与えていく仕上げの工程が授業時間の多くを占めるのですが、その工程が〈研磨〉です。かなり根気のいる作業ですが、美しい光沢を自らの手で作りだせるということで、生徒たちからの評判もいい題材です。また、仕上がりの具合を自身の目で判断しやすいことも、彼らに受け入れられている要因のようです。

生徒たちが磨いたもの

この鏡面仕上げの作業工程を少していねいに見てみましょう。まず、全体に粗めの紙やすりをかけます。すると、みるみるうちに傷が消えていきます。しかし、この段階は、光沢が残った部分にキズをつけることにより、目立っていたキズを目立たなくするだけの作業なのです。金属作品では、このような状態で目を整えて仕上げるヘアラインという技法もあります。しかし、鏡面仕上げを施す場合は、この状態がスタート地点となります。授業では、五段階で徐々に紙やすりの目を細かくしながら、全体を磨いていきます。特に三段階目からは、水をつけて磨くことで滑りもよくなり、キズをとるというよりも表面を研いでいるという感触に変わっていきます。そう、削るというよりも表面の薄皮をはいでいくような感じです。キズが消えたら、研磨剤で磨きます。研磨剤を少し塗り、布で磨くと、細かく削り取られた真鍮の粉で全体が真っ黒に染まっていきます。最後に、きれいな布で、その汚れを拭き取ります。そして、研磨した面をのぞき込むと、そこにはっきりと自分の顔が写り込むのです。このような経験は、研磨の腕を上げるための訓練ととらえることもできます。しかし、生徒たちは真鍮板だけではなく、違うものも磨いているようです。「計画的に工程を進められたという達成感が得られた」、「決して相手をねじ伏せてしまうことなく、相手のよさを引き出すという配慮をしながら磨いた」、「真鍮という素材に光沢という新たな価値を与えたことが自信につながった」というようなことばが、作品完成後の彼らの感想にならびます。確かに、工程が進むにつれて、真鍮から紙やすりを少し浮かせるようにしたり、洗剤をつけて滑りをよくしたり、そうっと小さな円を描くように手を動かしたりと、生徒ごとに技法を工夫していく様子が見られます。金属の研磨という作業からは冷たく固い印象を受けがちです。しかし、その独特の抵抗感を愉しむ様子からは、まったく異なる印象がうかがえます。「キズが消えるときは、ゆで卵の表面に残ってしまった薄皮がはげ、つるっとした表面が出てくる時にも似た感触が味わえた」と言った生徒もいました。それはまるで、紙やすりという道具を通して真鍮板と対話をしているようであり、その対話から、そうした感想も生まれてくるのでしょう。

このような経験から、〈磨く〉という行為には、その行為を通して、その行為をする人自身も磨かれていくという価値が含まれている、という思いを持っています。つまり、〈磨く〉という行為は目に見える輝きを作り出すことだけではなく、目に見えない内面的な輝きを増すことでもあるのです。

氷上の息吹（写真提供／遠藤）

描く

小学校の教室の中で

滝川　弘人

たきがわ　ひろと／一九八〇年静岡市立小学校勤務（三〇年間）。二〇〇九年東京大学大学院修士課程教育学研究科教職開発コース在学（教特法に基づき休職）。修士論文テーマ「社会科教師の信念の形成―ライフストーリーによる事例研究」。

生まれてはじめての図工の時間

絵を描くという営みはどんな意味をもつのでしょうか。先史時代のラスコーやアルタミラの洞窟壁画は豊かな狩の収穫を願う祈りの行為ではなかったかといわれています。絵を描くということは、目に見えない世界を目に見える形にすることでもあるのです。

子どもの時には好き嫌いの程度の差はあってもよく絵を描いたものです。それが成長し大人になるにつれ、ほんの一部の人を除いて、ほとんど絵というものを描かなくなってしまいます。

小学校の教師である私は子どもの描く世界とかかわってきました。日々、一人ひとりの子どもがその子の人生のイメージマップを描いてはまた描き直すかたわらに立っています。子どもの絵を見ることは、その心の世界を見ることでもあります。見えなかったものが見える瞬間に出会うことです。野心的に言えば、なんと教師である私自身がその子の人生の地図の材料のひとつになることすらあり得ます。

小学校には図画工作という授業があります。席について正しい姿勢で鉛筆を握るのとは違い、一種の解放感が生まれる時間でもあります。図画工作の時間はゆったりと流れていきます。こうした空間は実は学校では稀なものになりつつあるのかも、しれません。

入学したばかりの一年生にとってあの大きな白い画用紙に絵を描くことはなかなか抵抗が大きいものです。小指の先だけ二色の絵の具を画用紙にそのままだして、水をたっぷりつかって「色画用紙をつくろう」とすすめます。「なるべくいいかげんにかいてね、べたべたぬらないでよ」とも言います。初めは尻込みしている子もいますが、やがてざわめきは歓声に変わり、誰かのバケツの水がこぼれる騒ぎはあるものの、色は混じったり滲んだりしていき、目の前に世界でたった一枚の「色画用紙」ができます。

「ぼくのは、白いところのこっちゃった」という子。「よくみてごらんよ」と言うと、「あーこれ雲だ」とか「わたしのは、雪の山じゃん」と、白く残った部分すら絵になります。重なった色が道になったり海になったりして、突然自分や友だちが主人公として登場してきます。こうしていつの間にか色画用紙にその子の世界が浮かんできます。ペンやコンテで描き込んでその色画用紙はひとつの物語の絵になっていきます。面白いことに、子どもたちは一人ひとりその子にしか描くことのできない世界を描いていきます。

小学校最後の授業

教室という場所にいると小学校の教師とは実に面白い仕事なのですが、楽しい図画工作の授業も、先生は子どもに絵を描かせ、子どもは先生に描かされるということになってしまい、成績や評価、作品といった言葉で関係が固まってしまうこともあります。描くことが幼い無邪気に表す野放図さを矯め、子どもたちは目的に縛られ、瑞々しさを失っていくと感じるときさえあります。

しかし、黙々と自分の内なる世界を描き出そうとする子どもの眼差しはほんとうに眩しいものです。授業の中の「描かせ」・「描かされる」というこわばった関係を、なんとかほぐすことができないかと腐心してきました。

私は六年生が卒業する一週間前、図工のまとめにこんな課題を出します。

「あなたがこの学校で一番きれいだと思う風景におすすめのコメントを書いて残しなさい。ただしコメントは誰にも気づかれずにこっそりおすすめの風景が見える窓枠に貼ること」

毎日当たり前のように見ていた外界を、もう一度窓枠という額縁から眺め直してみようという試みです。子どもたちはかなり一生懸命になり、その子らしい文章を残していきます。

小学校の担任ならば、だいたいどの子がどんな場所を選ぶのかはわかるものです。

「ここから見える夕日が一番美しい」とコメントを書いた子といっしょに日が沈むのを待ちました。お奨めの風景を見ながらゆっくり話す時間が生まれます。中には最後まで秘密にしていた子もいて、彼のコメントを卒業式が終わった後で発見して驚きました。卒業してかなり時間がたって、突然尋ねてきた中学生にその子の場所にひっぱっていかれたこともありました。

窓枠の向こうに見える普段なら変哲もない外界も、卒業前の不思議な時間だから見ることができる景色に変わるのです。その子の目を通し、その子の言葉によって、私も今までとは違った世界を発見します。これは、小学校生活最後に描いた一枚の風景画だといってもいいのではないかと思っています。それから、朝、窓をあけるたび、階段をのぼり夕日を浴びるたびに、卒業していく子どもたちの心の絵を眺める毎日が続きます。

絵を描くということは目に見えない心の世界を形にすることですが、目に見えない心のキャンパスに描くことがあってもよいように思います。

四月になって、卒業した子どもたちの残した言葉を見つけながら、コンクリートの壁とサッシの窓枠の向こうに広がる先輩たちの心の風景画を眺めることから、新六年生の図画工作の授業が始まります。

書く

「かく」という営みの意味を考える

成田 喜一郎

なりた　きいちろう／東京学芸大学大学院教育学研究科教育実践創成講座教授。専門はホリスティック教育・社会科教育・国際理解教育・カリキュラム開発・学校組織マネジメント・教育ネットワーク構築方法。中学校教諭・副校長を経て現職。

ライフヒストリーのなかの「かく」

今、わたくしは、「かく（掻く・画く・描く・書く、欠く）」という営みにはいったいどんな意味があるのか。今、ここで、日常の暮らしや学びの中で、その本質的で根源的な問いを抱き、また、その問いへの答えを探し続け、問いを生きるきっかけにしたいと思っています。

「かく」という営みを現代人のライフヒストリーに落とし込むと、誕生してから、最初に行うのは自らの皮膚か他者の皮膚なのか「ひっかく」という行為ではないでしょうか。幼児期に入ると、クレヨンなどで紙に線を画き、やがて絵を描いていく。かつて母親の口紅で壁いっぱいに電車の絵を描いた子どももいました。親や先生から文字や数字を教わり書き始め、やがて、意味ある言葉や文章を書き始めます。そもそも「かく」という営みは、「かく」ことで「無」か「有」か、今までかかれなかったものやことと、かかれたものやこととを明確に区別していきます。その意味で「かく」という営みは、常に「欠く」という営みと表裏一体です。

さて、今、わたくしはパソコンのキーボードのキーを叩きながら、ディスプレイ上に文字を書き連ね文章を書いています。しかし、この利便性の高い機器を使って書くことで忘れてしまったこともあります。それは、人類が大地や岩石・葉　竹・木・皮・布・紙などに文字を刻み、「書く」という営みにあった「微粒子的律動」（石川九楊）です。もちろん、印刷・通信技術が発明され、多くの人々が同時に同じ文字・文章・書物が読めるようになったことは、明らかに文明の進歩であり、わたくしたちはその文化の恩恵を得てきました。さらに、高度に発達した情報通信技術によってその「進歩」は加速度的に速まりました。もはや日常では、ペンや筆を握り紙に文字や文章を書くのではなく、パソコンや携帯電話のキーを叩き打ちディスプレイ上に表示するかプリンターに印字することがはるかに多くなってきました。先にふれたように「書く」には、原初から組み込まれた言葉の「意伝子（ミーム）」（リチャード・ドーキンス）として「欠く」という概念が含まれています。その意味では、「書く」という営みが「微粒子的律動」を伴わなくなった現在、そうした日常を見つめ直してみる必要はないでしょうか。

「かく」ことを見つめ直す

文字や文章、書物を「書く」という営みは、ただ単に他者に物事を「伝える」「残す」ためだけではありません。自ら「思う」「考える」「感じる」「喜ぶ」「怒る」「哀しむ」「楽しむ」「迷う」「嘆く」「閃く」「超える」ことなどを、自己や他者、さらには目に見えないものに向かって表出する営みでもあります。それは、知性や心性はもちろん身体性をも伴った実に高度な精神的身体的活動です。


いつもの生活にないもの／非日常的な週一回の五十分／中一のとき、楽しみな時間。

「校風」って、どんな意味かな？／学校に吹いている風？／どんな感触の風？　あったかい？　冷たい？／そもそも学校に風が吹いているの？

みんな語り合った、風の音も　風の薫りも／私は学校が嫌いだったので／どんよりとした風を想像した、音も薫りもない。

「校風」とはその学校のカラー、特徴だ。／今度は色を想像した。／私の場合は、／さえない青色が……。

これは書道の時間。／すずりで墨をすっている時、言葉へのイメージがわく。／すると、言葉が一人歩きする。／心地よい、さわやかな青へと。真っ白な紙に、真っ黒な筆字を描く。／「校風」という文字が踊っていた。／自分が学校の中で生きていると思った。

書道の先生は、生徒一人一人の名前をほめた。／親ごさんの思いがこめられているネ。／一人の生徒の苗字に立ち止まり／「新妻さんか……いい名前だあ」と先生は遠くを見つめた／その時は意味がわからなかった。

この「創作叙事詩」（事実＋想像力の「化学反応」詩）は、ある大学生がこれまで受けてきた幼・小・中・高・大の授業や活動の中で出会ったもっとも印象深い学びとは何か、という問いかけに応じて書いたものです。学校嫌いだったというこの学生は、今、教員養成系大学で学んでいます。

キーを叩いて書いた「校風」、お手本をまねて筆でただ書く「校風」、「校風」という言葉のイメージを膨らませて墨をすって書いた「校風」、その違いは何なのでしょうか。同じ「書く」という営みには違いないのですが、明らかに違っています。奥深い問いを抱きながら、自らのイメージを膨らませ、そして一人静かに硯で墨をすり、毛筆で紙に「微粒子的律動」を伴い「書く」。その「校風」は踊っていました。

日常生活の中で「硯」や「毛筆」を使ってものを「書く」ことは、常にできるものではありませんが、鉛筆と紙を使って「微粒子的律動」を伴い「書く」ことならできます。何を、何のために書くのか、イメージを膨らませながら、「微粒子的律動」体験をしてみませんか。きっと、わたくしたちに「かく」ことの深い意味を改めて見つめ直させてくれるのではないでしょうか。

6章　愛し、看て、悩み、信じる

愛する

家族からの出発

平野　慶次

ひらの　よしつぐ／日本ホリスティック教育協会副代表。現在休止中の「もうひとつの学び場」を主宰。二三歳から九歳までの七児の父であり、くらしのなかから〈子ども時代〉のアライアンスを視野に入れ、新しい場づくりを模索中。

「愛する」ということ

キリスト教の聖書に「ひとつになるために互いに愛し合いなさい」という有名なメッセージが書かれています。そして「隣人愛」の教えをさまざまな文脈で表現しています。時に「愛の宗教」と言われることもあります。「愛する」ということを考えるときどうしても触れないわけにはいかないような気がします。聖書が広く普及することに貢献したギリシア語で「愛」というと四つの言葉があります。「アガペー」「フィリア」「ストルゲ」「エロス」です。隣人愛というとアガペーに近いものと考えられます。エロスがその対極にありますが、私的な側面が強くなると思います。そして、生活世界における「愛する」ということは、その両極のバランスの中にあると言えます。「ガンディーの非暴力」について書いたとき（『ピースフルな子どもたち』二〇〇四年）に指摘したのですが、暴力から自由になれないのは、暴力そのものを生み出すのは、この「エロス」に拠るからだと書きました。時に怒りのエネルギーが必要なこともあるでしょうし、人が生きる上で不可欠な要素のひとつと言ってよいでしょう。

さて、昨今の社会状況を眺めていると気がかりな問題が山積しているように感じますが、社会システムや経済システムにこの「愛する」ことを注入することで改善できるのではないかと考えています。個人的なところから少しずつ拡げながら「愛する」アプローチをローカルからナショナルへ、さらにグローバルへと視座を移していきたいと考えています。

「愛する」ことの日常性

「愛しています！」という発語はなかなか日常の中で口に出す機会はないような気もしますが、日々日常の中で人間関係を支えている感情だといってもよいと考えています。感情の自覚という点でも普段の生活の中で無意識化しているくらいのもののような気がします。感情の無意識化は、外部からのコントロールを受けやすくなるということにもなりかねませんから、時に一歩立ち止まって自分自身と向き合って自分自身の感情を自覚化することも大切でしょう。感情すらマネージメントされるというのでは、自分らしさも何もあったものではないです。

ですが、最近は少し意識せざるをえない機会が増えたように思います。機会が増えた理由は、身の回りの出来事のお陰ですが、うれしいことばかりではないです。今さらながらの指摘になるかもしれませんが、自分の生活を取り巻く社会環境を眺めてみると、格差と貧困に取り囲まれているような気分になります。さまざまな指摘もあり、原因もそう単純なこととは考えられないですが、ひとつの指摘として「愛する」ことの不在があげられるのではないでしょうか。

環境問題が大きく取り上げられる中で「人にやさしい」とか「地球にやさしい」というキャッチコピーが流行していたこともありますが、最近は「エコ」を金科玉条としているような気がします。「人にやさしい」気分や「地球にやさしい」気分から少し離れているように感じるのはわたしひとりでしょうか。「やさしさ」が「エコ」という言葉に置き換えられたとき、「やさしい」という文脈を離れて「節約」がクローズアップされ、打算的な部分が強調されているような気がします。この点については後ほど再度触れたいと思います。

基本的な問題意識は、日常生活の次元に「愛する」ことを回復することでもう少し「人にやさしい」世の中になるのではないか、ということです。

「分かち合う」ということ

日々の暮らしの中で、さまざまなことを他者と分かち合いながら生きていると思うのですが、分けるだけでなく合わせることも含意した分かち合うことに、「愛する」ことを日常生活の次元に回復するヒントがあると考えています。最近知った言葉ですが、スウェーデン語で「オムソーリ」という言葉があります。英語で言えば「ソーシャル・サービス」のことです。日本語でいう「社会福祉」よりも広い概念で医療サービス・福祉サービス・教育サービスを含んだものです。そして、この「オムソーリ」という概念を支える背景には、スウェーデンでは「悲しみの分かち合いが幸福を実現する」という思想があるようです。悲しみを分かち合いながら、社会システムとしてのソーシャル・サービスを共同化することで共同体としてのステータスを引き上げ、共同体の成員の幸福を実現しようということのようです。このように共同体を組織化するという意識や感覚は、今の社会から欠如して久しいという気もしますが、昨今の社会状況の中で特に求められているように感じています。

ジョン・ロールズのリベラリズムに対するマイケル・サンデルのコミュニタリアニズムからの批判に象徴されるような論争もさまざまに展開されていますし、共同化された自然資本（コモンズ）を巡る議論も枚挙にいとまがないほどです。この点についても後ほど触れたいと思います。

感情の代表選手といえば「喜怒哀楽」の四つのカテゴリーがありますが、感情の中で特に「悲しみ」に焦点化することの意味は、共有し難いからではないかと考えています。「喜びの感情」や「楽しみの感情」は、他者と共有しやすいのは、誰もが経験的に知っているのではないでしょうか。そして「怒りの感情」も市民社会運動などに見られるように共有されることは珍しくないように思います。「悲しみの感情」というのは、そもそも表現の機会が少ないので共有化しがたいところがあります。スウェーデン社会では、基本的背景に悲しみを分かち合うというセンスがあり、日本とは違うなと感じています。

市民運動の中に「パレスチナ人の悲しみを分有する」ことを一つの目標としたものもありました（「シャヒード、一〇〇の命」展）。戦時性奴隷被害者の証言を聴くという活動に関わる友人もいます。このような活動は、悲しみを共有することをインセンティブ（誘因・動機）として支えられているということもできるでしょう。生活を支えるさまざまな感情の中で特に「悲しみを分かち合う」ことを機縁に関係性を構築することで、生きる喜びに支えられる関係性が構築できる可能性を見出すことができると言えるのではないでしょうか。

身近なところから

知り合いのご高齢の女性に、末期癌の闘病生活をされている方がおられます。縁あってこの方のお世話をわたしの姉がしているのですが、話を聴きながらいろいろと考えさせられることがありました。このご婦人をCさんとしましょう。Cさんは、おひとりでマンション暮らしをされていましたが、病気治療のため病院とマンションを行ったり来たりされていました。遠方にお姉さんがおられるようですが、すでに認知症のようです。他のご親類の方は、電車で一時間ほどの隣町に居られ、頻繁に来ることが適わないようです。幸い預金があるようで、幾人かのボランティアの方に交通費を支払いながら、やりくりしていました。癌の病状が進む一方で認知症も進行している状態ですから、日に日に言うことが変わりますが、施設に入りたくないという思いが強いようです。癌の転移状態がひどく脳内にも転移しているようで、歩くことへも影響がでてきています。しばしば躓くわけでもないのに転ぶことが増えてきました。こうなると、二四時間誰かが傍で見守れるような環境でなければ安心できません。介護保険の利用はもちろんしていますが、このような現状に対してはカバーしきれないというのが実情です。そこで、有料の付添人を雇うことも考慮してみました。しかし、認知状態がましになると他人が自分に付き添うことをCさんは断固拒否されるのです。パートタイムながらも以前から見知っているボランティアさんで充分というのです。ご親戚の方は、日常をきちんと把握するほど頻繁には来られてないので状況に判断がつかないようで、姉はその板挟み状態で大変な重荷を背負っているようです。

そんな姉の話をほぼ毎日聴いています。ただ聴くだけですが、そこにはさまざまな感情が表現されますから、こちらの気持ちを寄せるだけで悲しみをも分かち合うことになります。この姉を含むボランティアの方々を支えているのは、悲しみという感情の発露としての「アガペーの愛」だと思うのです。付添人はビジネスです。それはそれでシステムとして機能すること自体は必要なことでしょうが、ご自身の生活の質を自分自身で選択するCさんには受け入れることはできなかったようです。どんなに大変な状況でも、この本人の思いの実現に向けて協力すること、これは「愛する」気持ちなくしてはできないことです。

家族からの出発

Cさんも以前はパートナーとの二人世帯でしたが、交通事故で亡くなられてもうずいぶん経ちました。そしてお子さんはおられないという状況です。核家族化が進み一人世帯が増えており、こうした孤独な生活を余儀なくされている方は多いようです。わたし自身のことを振りかえると七人の子どもらとパートナーとの九人の共同生活は、賑やかそのもので孤独とは無縁のようですが、大勢いるだけではないか、と問い質したくなることもあります。というのは、いわゆる反抗期といわれる一四歳前後の中学生時期の子どもらとの付き合い方に苦慮させられることがしばしばあるからです。出かけるときに挨拶をしない、帰宅したときにも同様です。いつ出かけていつ帰って来たのかわからないということが珍しくないのです。そんな日常の中で愛について考えること自体が苦しいと感じる日もありました。そんな折りには、生まれた時からの日々を一人ひとりの成長を見守ってきたプロセスに思いをめぐらせ、間違いなくその延長線上にある今日を考えるのです。そうすると怒りの感情が和らいでいくのが実感できます。愛するというのは、こういうプロセスをいうのかもしれないと感じました。それぞれの誕生日には、みんながそれぞれにお祝いのメッセージを発信します。つくづくありがたいなと感じる日でもありますが、こうして危ういながらも年に一度は、お互いからの発信でお互いの存在を確認しながら、何とか関係性を構築しているところです。身近になるほどに直接的表現には照れがあるようですし、この特別な日だけそういったメッセージが贈りやすいのでしょう。

外に出れば

家族は基本的に一軒の家で共同生活をしているのですが、家から一歩外に出れば、メンバーそれぞれの立場で外とのつながりがあります。わたしとパートナーは、毎日職場へと通います。そこにはわたしの両親もおり、パートナーはその手伝いをしてくれています。子どもらは、おおむね学校という場へと出かけますが、時に友達の家だったり、イベントへの参加のためだったりですが、人間関係そのものは、やはり学校を軸としたものです。我が家には未だに小学生が二人、中学生も二人と義務教育段階が未了です。参観日などに学校へ出かけると圧倒的に若い親御さんの姿に唖然としたりすることがあります。小学校の保護者歴は一七年目です。下の子が卒業するまでにまだ三年以上ありますから、二〇年以上になりそうです。今年の小学校での学校説明会に出かけ、驚いたのはチャーターースクール・モデル指定校になったとのことでした。文科省からの指定らしく、「上から下ろしてきた自治学校って何ですか？　信用できるのでしょうか？」と思わず校長先生に質問してしまいました。校長先生は、「手探り状態ですのでご協力をよろしくお願いします」といわれるばかりで、未だにその方策は判らない状況です。先生方に「何か変化はありましたか？」と尋ねても「何も変わってないですね」とのお返事ばかりでした。幸い先生方との関係は良好で、子どもらとも「ありがとう」をいい合える関係のようです。子ども同士のつながりにも敷衍《ふえん》されており、よい雰囲気を感じさせてくれます。

さて、中学生たちは、我が家では反抗期ですが、学校の方ではそうでもないようで、毎日のようにクラブ活動にでかけます。中学生になると先輩同輩後輩の序列化は厳しいものになる一方で、先生との関係は相当に乱れているように感じています。そこには、秩序は見られないです。敬語の喪失状態は、こうしてできるのかと学校へ出かける度に考えさせられてしまいます。一年生から個人懇談は、進路指導という軸で組み立てられており、「現在の成績はこの状態で、この点が弱いので努力目標として下さい」というのが話題の中心です。こうした感覚の基底には、世の中の主なる牽引力となっている市場主義と共通するものを感じていますし、効率ばかりを優先させるというのでは、子どもらの成長途上への影響も心配です。それよりも古い言い方ですが、師弟関係のような一定の権力関係を持ち込んでも、規律と秩序のある状態を実現してもらう方がまだましだと思わざるをえません。

地域への視点

子どもらも小学校区から中学校区へと広がりを経験しながら、自分自身の帰属意識について考えてみるようにと話をすることがあります。「平野家の人間」「クラブのメンバー」「中学生である自分」「京都市民」「日本人」という具合に帰属する集団のフレームを広げてみると、自分という人間は単一的なとらえ方ができないことに思い至ります。さまざまな重なり合うフレームの中で生きていることを自覚することが大切だと思うからです。最近では小学校や中学校にも外国の方が先生としてあるいは生徒として来られることが珍しくないですし、子どもらも外国人はみんな英語を話すと思い込んでいたのが間違いであることに気がつきます。そんな中で日本人であることを意識する機会も出てきたようです。

フレームを広げるほどに複雑さが増す感じですが、多様であり多層であることは考えれば誰にでも分かることでしょう。その実感を育てながら地域社会へと向き合い、人間関係を構築するチャンスを大切にしたいと思い、中学生の二人は、夏休み中には少し離れた保育園や児童館へとボランティアに出かけます。そこでの体験そのものは一過性のものかもしれないですが、経験を重ねることで得られるものもあると期待しています。一期一会という言葉もありますし、一過性であることも大切にするようなセンスを磨くことが、善き人間関係を構築するのに必要な気もします。毎日をともに過ごす家族ではできないような善き関係が、まさに一過性の出会いだから構築できるということもあるでしょう。

「ホタ・アイルの命はひとつ　サーハルトの心はひとつ」というモンゴルの諺があります。遊牧生活が主流の頃にいい習わされた諺のようです。牧草地を巡りながらの遊牧生活も厳しい冬には決まった越冬地にしっかりとしたゲルを幾つも建てて親類たちが一ヵ所で共同生活をします。この小さな集落のことを「ホタ・アイル」と呼ぶのだそうです。そして、他の幾つかの「ホタ・アイル」でも共同作業をするのですが、そういう少し広げた共同関係を「サーハルト」というのです。通常、ひとつのホタ・アイルと隣同士といっても三㎞から四㎞離れているようですし、ちょっとスケール感が違いますが、地域への視座はこのようにありたいものだと感心したのです。ご近所にこのようなサーハルトを一軒でも増やすことができるととても住み心地のよい地域が広がることでしょう。具体的には地域行事に積極的に参加するようにし、道行く人と挨拶をすることを心がけるくらいから始められると考え実行しています。

ローカルからナショナルへそしてグローバルへ

住みよい地域ができたなら、きっとその地域を好きになれるでしょうし、愛郷心へと意識が変わる可能性もあります。そうなれば、住みよい国もでき、好きになれるかもしれない、そんな気がします。現実は、とかく経済が優先される世の中ですので、挨拶から始めるなどと悠長なことはいえません。このレベルになると社会システムや経済システムについて考えざるをえないでしょう。ここで前に触れた話題に戻ることにします。二点、後ほど触れることにしたテーマがあります。一点は「エコ」について、もう一点は「リベラリズム」と「コミュニタリアニズム」の論争、それにまつわる「コモンズ」についての議論です。

「地球にやさしい」「人にやさしい」が「エコ」に取って代わられ、「節約」という一見すると美徳のようなことが強調されることが増えました。ノーベル平和賞を受賞したワンガリ・マータイ女史が、二〇〇五年に来日した際に「勿体ない」という言葉に出会い感銘を受け、その後「MOTTAINAI」キャンペーンを展開し、日本でも一大ブームとなったことは記憶に新しいことと思います。このキャンペーンの頃を境に「エコ」の使用頻度が上がったような気がします。「節約」そのものは、確かに我が家でも日々心がけていることですし、悪いこととは考えたこともありませんでした。家電売り場に出かけると「エコ・ポイント」の文字が目につきますが、企業の提示する「エコ」には家庭レベルでの「節約」を超えた「効率優先」の考え方が透けて見えるように感じてしまいます。「効率優先」というのは、今、企業の原動力ともいえる市場主義から生まれてきたものです。ですから、この経済活動には人が不在であるようなモノとおカネのことしか主題化されていません。当然ながら「愛する」ことは欠如している状態です。マータイ女史の目論見とはずいぶん大きなズレが生じているといわなければならないでしょう。マータイ女史の言葉を借りるなら「Reduce（ゴミ削減）、Reuse（再利用）、Recycle（再資源化）という環境活動の３Rをたった一言で表せるだけでなく、かけがえのない地球資源に対するRespect（尊敬の念）が込められている言葉」が「もったいない」ということです。つまり「３Ｒ＋Respect＝モッタイナイ」という公式ができるのです。このリスペクトする気持ちと「愛する」気持ちは、どこか重なり合っていると考えられます。

人間の経済活動は、そもそも自然資源に大きく依存しながら発展してきました。そしてさまざまなグローバル・イシューを生み出してきました。ローカルな部分では、コモンズを生み出したり一定の持続可能性を組み込んでいたりもしますが、浜矩子が指摘するように市場主義は「自分だけよければ病」を蔓延させ、コモンズも例外ではなくなりつつあります。一方でこのような事態に危機感を感じている人も増えています。浜矩子ももちろんですが、ロールズを批判したサンデルもその一人だろうと思います。ロールズは、負荷なき自我を前提に議論を進めますから、サンデルに拠れば、仮構の上に議論を展開していることになります。負荷な人は、おおよそ過去の歴史という負荷を負っているというサンデルの指摘には、深く共感できます。自分自身では選択できない負荷を背負っているのが人間だから、それぞれの帰属性に照らして共通善をこそ原理とすることでコミュニティを善きものにしようというのです。このサンデルの発想には、ローカルからグローバルへと向かう方向性が埋め込まれているように思います。この共通善にも「愛する」感覚が重なってくるように思います。

貨幣の世界から

経済活動を国規模であるいは世界規模で成り立たせることができるのは、貨幣という存在が不可欠なものになっています。貨幣を巡ってもさまざまなアイデアが、出てきている状況です。たとえば、地域通貨運動が、あちこちで花開かせていることも愛のあるシステムとして評価できるように考えていますが、広がりの弱さは一つの課題として残っているように思います。フランスで起こったＡＴＴＡＣ（http://www.jca.apc.org/attac-jp/japanese/）の提唱するトービン税という通貨取引税に代表されるようなグローバル・タックスの提案も一定の現実感をもって語られるようになってきました。このような税金も弱者救済へと向かうベクトルが働いていますので愛のあるシステムだと評価できるでしょう。

再分配についてもベーシック・インカムとか生存権所得という提案もあり、最近相当な深まりと広がりが顕在化しつつあります。ベーシック・インカムの最大の特徴は、「審査なしで誰にでも一定の所得保障をする」という点にあります。二〇一〇年四月から始まった「子ども手当て」は、一五歳以下という限定条件はあるものの支給基準に収入の制限はありませんから、ベーシック・インカムの部分的実現と歓迎する方もあったようです。もちろん「バラマキ行政」という批判もありましたし、今後の行方を見届ける必要はあるでしょう。ちなみに筆者の家には四月の時点で対象者となる一五歳以下が四人いましたので、公約の半額支給で月額五万二〇〇〇円受け取っています。これまでの児童手当と課税控除額を差し引きすると我が家ではプラスですが、マイナスになる方も居られるようで制度的欠陥を埋めなければいけないという点も見逃すことはできないです。満額支給になるとマイナスの方はおられなくなりそうですし、二〇一一年四月からの満額支給に期待したいと思います。わたし自身は、具体的に施行された制度を手掛かりにベーシック・インカムへと移行するのが望ましいと考えています。税制度の見直しも必要でしょうが、「人にやさしい」視点を見失わないで欲しいと思います。制度そのものが「人にやさしい」ものになってくると、意外に簡単に「人にやさしい」世の中が実現できるかもしれないです。友愛の政治という表現にも期待したいと思います。

まとめにかえて

以上駆け足でさまざまな話題を提供してきましたが、充分に書けているとは考えていません。その理由は、毎日のように状況が変わっていることにも起因しているのですが、アイデアとして書きとめておきたいこととして捨てきれないものも多くあったからです。わたし自身の身の上にも格差社会の進行は迫ってきています。真綿で首を絞められるというよりも、もっと直に絞められているような感じのする日々を過ごしています。二〇〇八年七月から役員給与を二割削減し、銀行に新たな融資をお願いし、何とか持ちこたえようとしましたが、資金繰りが悪化し、二〇〇九年から社員のボーナスも出せない状況です。世の中はどうあれそれなりのユートピアを構想しながら会社経営をしていましたが、従業員の一人は、二五年のローンを組んで家を購入しましたし、会社を解散することもできないです。細かい話ですが、外注加工も経費節減でわたしが家に持ち帰り加工するというようなことをしながら、青息吐息のまま今日を迎えています。社員を路頭に彷徨わせるわけにはいきません。派遣切りのようなことはするまい！という固い決意をしていますが、派遣切りする企業の窮状も実感するようになってきました。一種の運命共同体として、屋台骨が倒れないための給与の減額協力について社員全員と話し合いもしました。少しずつですが、全員で協力しながら、この難局を乗り越えようと決意を新しくしたところです。小さな会社ですが、社員の福利を実現することを優先できた時代が終わりつつあると感じています。次なる方策を考えねばならないと思い巡らせています。

インフレという経済活動の拡大する一方で、同時にデフレという収縮が起きているという前代未聞の状況にあるという風に認識していますが、これまでの経済学や政治学では、想定されたことがない世の中が進行しています。そんな状況で浜矩子の提案する「グローバル市民主義」にも一票投じたいと考えています。

「愛する」ことの原点とは何か?と考える度に、カトリックの修道女で「神の愛の宣教者会」の創立者であるマザー・テレサのことが浮かびます。インドのカルカッタで貧しい人のためにさまざまな活動をしていることについて、テレビで「一人の人が始めなければ、誰も始めません」とインタビューに応えていたことを印象深く記憶しています。冒頭に書いたように聖書には愛についての記述が多いです。アウシュビッツの収容所で代理死刑を願い出たマキシミリアノ・マリア・コルベ神父の示したような愛が、「これ以上大きな愛はない」と書かれています。そのようなことが可能かどうか、そのような場面に出会うまで本当のところは判りませんが、かくありたいと願いつつ筆を置くことにします。

文献

金田卓也・金香百合・平野慶次共編（二〇〇四）『ピースフルな子どもたち』せせらぎ出版
ハビエル・ガラルダ（一九九五）『アガペーの愛とエロスの愛』講談社現代新書
森真一（二〇〇〇）『感情コントロールの檻』講談社選書メチエ
神野直彦（二〇一〇）『分かち合いの経済学』岩波新書
アーディラ・ラーイディ（二〇〇三）『シャヒード、一〇〇の命――パレスチナで生きて死ぬこと』インパクト出版会
「シャヒード、一〇〇の命」展については、http://www.shaheed.jp/
広井良典・小林正弥共編（二〇一〇）『コミュニティ』勁草書房
広井良典（二〇〇六）『持続可能な福祉社会』ちくま新書
広井良典（二〇〇九）『コミュニティを問い直す』ちくま新書
小貫雅男監督・撮影　伊藤恵子編集（二〇〇六）『四季・遊民――ツェルゲルの人々』企画・制作、里山研究庵、Nomado
ワンガリ・マータイ（二〇〇五）『モッタイナイで地球は緑になる』木楽舎
浜矩子（二〇一〇）『浜矩子の「新しい経済学」グローバル市民主義の薦め』角川ＳＳＣ新書
山森亮（二〇〇九）『ベーシック・インカム入門』光文社新書
ゲッツ・W・ヴェルナー（二〇〇九）『すべての人にベーシック・インカムを』現代書館
小沢修司（二〇〇二）『福祉社会と社会保障改革――ベーシック・インカムの新地平』高菅出帆
村岡到（二〇〇九）『生存権所得――憲法一六八条を活かす』社会評論社
上村雄彦（二〇〇九）『グローバル・タックスの可能性――持続可能な福祉社会のガヴァナンスをめざして』ミネルヴァ書房
小林正弥（二〇一〇）『友愛革命は可能か』平凡社新書

看る
自分を生かし相手を生かす

青木 芳恵

あおき よしえ／看護師、保健師、看護学修士、ヒーラー。「響きあう看護」を主宰し、ホリスティック看護を実践につなげる取り組みをしている。九州大学大学院医学系学府保健学専攻博士後期課程。ホリスティック教育協会運営委員。

看病、看護師、看板、看守……これらに使われているのが、「看」です。目の上に手をかざして物を見ている状態の象形文字で、来歴は、紀元前の中国にさかのぼります。ですから、遠くを見る、しげしげと見るという意味を持ちます[1]。広辞苑によると、「看る」と「看病」は同じ意味です[2]。ここでは、自分が意識してよく見る、病人の世話をする、という「看る」について考えてみます。

よく見るという意味の「看る」

人や物事をよく見るとはどういうことでしょうか。実際、好きや嫌い、その物事にまつわる過去の出来事、連想することなど、自分の中からわき出る感情やイメージを重ねて、あるいはそのイメージの方を見ていることは意外と多いものです。

看護学生や看護師などを対象に、ペアになり、互いに一分間見合うワークをすることがあります。吹きだしたり、気まずくて視線を外したりしながら見合った後、同じペアのまま、「関心を持って見てください」と言い、再び一分間続けます。二度目は、「いつもの眼鏡と違うと気づいた」「あんまり寝てないのかなと思った」「時間が短く感じた」といった感想が聞かれます。中には、見合っている内に思わず手が伸び、相手の髪に触れる人もいます。気まずさという感情や、どうしたらいいんだろうという考えなど、自分の中でわき上がるものに比重がある状態では、目の前の人は見えていません。自分の感情や考えから少し離れて、今この場と時間を共有している相手に意識を向け、集中して初めて見えてきます。一度目がほとんどの人の日常的な状態であり、二度目が「看る」の状態です。

「看る」は、視覚を使う行為にとどまりません。近年看護の世界では、「看るとは、目と手で見ること」とも言われます。身体に触れた時、その部分から聞こえてくる声があります。マッサージをしていて、何気なく手が留まったところで、「そこが重いんです」と言われた体験がある人は少なくありません。視覚や触覚、体の奥の感覚といった全身から脳に伝えられる情報のうち、意識に上るのは、〇・〇〇一％[3]。触れてわかること、におい、あるいはその場の空気など五感に直観も含め、意識に上らない部分の自分も丸ごと使って、よく見ます。「看る」は、目と手がある、つまり身体として具現している「人」の行為です。

病人の世話をする「看る」

このようにして見て、相手の持っているものを最大限に生かす手伝いをするのが、病人の世話をする「看る」です。伏せっていた体を熱いタオルで拭いてもらうと、ふうーっと深い息が出て、体がさっぱりし、気持ちも軽くなります。食欲がない時、青空を見ることで、笑顔を交わすことで、一口二口と食が進むこともあります。また、看護師と患者さんの会話の行き交い方や間、患者さ

んへの看護師の体の添わせ方などから、同じ流れをともに作っているように見える時があります。共鳴、つまり響きあいは、一人の人の中の心身のつながりや深まりのホーリネスと、周りの人や自然とのつながりのホールネスに同時におこり、伝播・増幅します。

　哲学者のハイデッガーは、「存在するとはケアすることである」と言いました。人の世話をすることが、なぜ自分が存在することにつながるのでしょうか。看病するときに、自分の思いやパワーを相手に投入する場合、エゴは一時的に満たされるかもしれません。しかし、ゆくゆく自分自身が枯渇したり、相手の反応や成り行きに期待を寄せたりすることにつながり、互いに無理がかかります。これには、世話をする側される側という関係が潜んでいます。しかし、人に触れるとき、触れている手は同時に、相手に触れられている手でもあります。つまり、「看る」ときには、片方だけが世話をしている、世話をされている関係にはなりません。つながりの関係性にあると、相手は、自分の今の課題を浮上させてくれます。たとえば、相手に対する憤りは、今の自分への憤りと同じパターンを相手に映し見ることで意識化される、というように。相手は自分の合わせ鏡であることに気づきます。

　〝ひとは、他人に（略）関心をもたれることによってのみならず、他人に関心をもつことでも生きる力を内に感じることができる〟[4]と鷲田は言います。関係性を基盤とする、あるいはその関係性を生み出す行為であるがゆえに、自分を生かし、相手を生かす「看る」なのです。

文献

（1）白川静（二〇〇三）『常用字解』平凡社、七六ページ
（2）新村出編（一九九八）『広辞苑（第五版電子版）』岩波書店
（3）茂木健一郎監修、富永裕久著（二〇〇六）『目からウロコの脳科学』ＰＨＰ、四一ページ
（4）鷲田清一（二〇〇八）『死なないでいる理由』角川学芸出版、一三三ページ

悩む

人生は「悩むこと」の連続

若林 新平

わかばやし しんぺい／宮川医療少年院・法務教官、及び一橋大学大学院・院生。専門は「絶望論」。非行少年の立ち直りを支援しながら、「絶望とはなにか」、「絶望から立ち上がるためには何が必要なのか」等の問題について日々考えている。

なぜ人は「悩む」のか

人は、なぜ「悩む」のでしょう。

答えは簡単。なぜなら、人の心の中には「欲望」と「倫理」があるからです。

一番わかりやすい「欲望」は、「幸せになりたい」という気持ちです。

多くの人たちは、自分が「幸せになること」を望んでいるでしょう。その時、「私が幸せになるため」には、「Aにしようか、Bにしようか」。ここに「悩み」が生まれます。

次に、「他の人たちも幸せになるには」という「倫理」が芽生えた時、「私だけ」でなく、「みんなが幸せになるため」には、「Aにすべきか、Bにすべきか」。ここで「悩み」はさらに複雑になり、難しくなります。

もし、人に「欲望」や「倫理」がなくなれば、人は悩まなくてもよくなるでしょう。なぜなら、「どちらでもいい」という気持ちになるからです。

けれども、普通、人はそういうわけにはいきません。なぜなら「欲望」も「倫理」も持っているからです。

生まれて、生きて、死ぬ。ただそれだけ。「人生」とは、シンプルなものであり、それは人間だけでなく、あらゆる生命も同じことです。

けれども、人間には「欲望」と「倫理」があるために、その人生の中で何度も何度も「悩む」のです。人生は「悩むこと」の連続、といっても過言ではないでしょう。

生まれて、生きて、死ぬ。それはどんな人も一緒なのに、まったく同じ人生などひとつもありません。一人ひとりの人間が、さまざまな「悩み」と格闘しながら、一つひとつの異なった人生を歩んで、生きて、死んでいくのです。

「悩み」を解決するためには

では実際に、悩みに悩んで、どうしようもなくなった時、人はどうすればいいでしょう。その「悩み」から抜け出せなくなった時、そこから抜け出せるきっかけとなるのは何でしょう。

それは「人」であり、「本」です。

「人」は、あなたを悩ませる存在かもしれませんが、悩みを解決してくれる存在でもあります。もしかしたら、あなたの近くに、過去に同じような「悩み」を抱えていた人がいるかもしれません。また、近くにいなくても、そして今は生きていなくても、この広い世界の中で、この長い人類の歴史の中で、同じような「悩み」を抱えていた人がいるかもしれません。そのような、今、近くにいない人にも出会えるのが「本」です。

人や本との「出会い」や「つながり」は、あなたの「悩みの解決」のきっかけを与えてくれます。

「悩むこと」の大切さ

でも、そもそも、「悩むこと」は否定されるべきことなのでしょうか。そうではありません。人は「悩むこと」によって成長するのです。人と向き合い、本と向き合い、そして自分の頭と心を必死に使って「悩むこと」によって、自分の「心の奥」が耕されるのです。そこには「痛み」や「苦しみ」が伴いますが、それは自分の心――「魂」と言ってもいいかもしれません――、が深化していくために必要なことなのです。

「悩む」こと。それは「修行」に似ています。悩むことは苦しい。悩めば悩むほど苦しくなる。悩んでも悩んでも、その解決の糸口すらみつからず、出口が見えなくなった時、人は、自分の人生に絶望し、「もう死んでしまいたい」とさえ思うかもしれません。

でも「悩む」というのは、自分の心の奥の「スピリチュアル」な部分を目覚めさせる、大切な行為なのです。

それは必ず、人間が生きていく上で「大切ななにか」を気づかせてくれます。

その苦しい「試練」に耐え抜いた時、自分の心の中に「大切ななにか」が創られるのです。

人は、悩めば悩むほど、その「いのちの根」が深くなります。悩んで悩んで、どうしようもなくなって、「もうだめだ！」と思ったその時、そこに新たな「希望の芽」が生まれてくるのです。

もし「絶望」してしまったら

でも、悩んでも悩んでも「悩み」が解決されず、人との出会いも、本との出会いも、まったく功を奏さなかった時、すべての「希望」を失い、もはや立ち上がる気力さえなくなった時、人はどうすればいいのでしょう。

それは「待つ」ことです。どんなに苦しくても「耐える」ことです。「時間」が必ず「悩み」を解決し、「苦しみ」を癒してくれます。ふとした瞬間、何かのきっかけで、必ず「解決の糸口」が見つかります。

「やまない雨」はありません。必ず「晴れる日」がやってきます。「終わらない冬」もありません。必ず「春」はやってきます。大切なのは「未来を信じる力」です。どんなに苦しくても、どんなにその「悩み」が解決不可能に思えても、にもかかわらず、「未来」を「信じること」。それが大切なのです。

参考文献

Tillich, Paul (1952) 'The Courage to Be' Yale University Press.
（ティリッヒ『生きる勇気』大木英夫訳、平凡社、一九九五年）
Frankl, Viktor. E (1947) '…Trotzdem Ja zum Leben sagen' 2. Aufl., Franz Deuticke, Wien.（フランクル『それでも人生にイエスと言う』山田邦男・松田美佳訳、春秋社、一九九三年）
諸富祥彦（二〇〇五）『人生に意味はあるか』講談社現代新書
中島義道（二〇〇一）『きみはなぜ生きているのか？』偕成社
相田みつお（一九八四）『にんげんだもの』文化出版局
手塚治虫（一九八五）『火の鳥　鳳凰編』角川文庫

信じる

「目に見える」現実世界と「目に見えない」スピリチュアルな世界を結びつける

モハン／ミーナ

モハンゴパール・スリニヴサン／モハンゴパール・ミーナ／日本在住のインド人。夫のモハンは日印間のビジネス・マネージメントに関わる。東洋学園大学国際コミュニケーション学科非常勤講師。妻のミーナはアート・オブ・リビング教師コース修了。呼吸法や瞑想を教えている。

多くの人は「目に見えるもの」であれば、信じることができるが、「目に見えないもの」は信じることができないというかもしれません。そうすると、視力に障がいのある人は何も信じることができないという意味になってしまいます。

私たちは法律など目に見えないものを深く信じて毎日の生活を送っています。もし、車を運転するとき、交通ルールを信じないとしたら、恐くて運転することもできないでしょう。私たちは何かを信頼し、信じないと生きていくことができません。

医学用語に「プラシーボ」（偽薬）という言葉があります。新しい薬を開発するとき、被験者の何人かに澱粉など実際の薬ではないものを「新薬」だといって渡すと、それだけで病気が治ってしまうことが少なからずあり、新薬にほんとうの効果があるのかどうかを判断する材料にするのです。同じように、有名なお医者さんのところに行くだけで、病気がよくなってしまうという話を聞いたことがあります。こうした事実は信じるという心の状態が身体と深く結びついていることを示しています。

合理的な思考によって、信じることの効果を分析し、その効果について理解することができる場合もあるでしょう。しかし、いつも合理的に理解できるかというと、そういうわけではなく、信じるという行為には人間の理性ではとらえきれない側面があります。

信じることの強さ

仏教でもキリスト教でもイスラム教でも、あらゆる宗教が究極的に求めるものは直接目に見えるものではありません。そこでもっとも大切にされているのは信じるということです。

「どんな宗教も信じていない」という人もいるでしょう。宗教ではなくて、その代わりに科学や合理的な考え方というものに信頼を置き、自分自身を信じているというのかもしれません。しかし、私たちは自分の心についてどれだけ知っているというのでしょうか。私たちの心は常に揺れ動き、自分自身のことがわからないからこそ、心配したり悩んだりするのです。

最先端の科学が示しているように、科学が説明できない、私たちにはわかっていないことというのはまだまだたくさんあります。「すべてわかっている」というのは、厳密な意味において科学的な精神にも反することです。無神論者は、信じないという自分なりの考え方を信じているに過ぎないのです。

インドのスピリチュアルな伝統では、信じることと究極の存在というものは同じことだと教えています。究極の存在——神様と呼ぼうが、宇宙の根源と呼ぼうが、それは目に見える形があるわけではなく、私たちの感覚を超えたものです。

信じることには始まりもなく、終わりもなく、信じるということ以上に強いものはありません。「どんなに信じているのか」ということを数値で示すことはできないでしょう。なぜなら、信じることは、愛することと同じように測ることのできないものだからです。

信じるということは、自覚してはじめてわかるひとつの存在のあり方なのです。ある意味では、私たち人間は常に信じている状態にあるともいえます。気づいていないかもしれませんが、実際に、私たちの行動一つひとつは信じることによって成り立っています。もし、呼吸していることを信じていなければ、私たちは生きていくことができないでしょう。しかしながら、この事実を自覚し、思考と信じることをうまく結びつけられている人は少ないのです。

古代からの智慧

インドでは、古代より賢者たちにより信じることについて多くのことが語られ、信じることの力は、山をも動かすといわれてきました。そして、信じる中で生きていくために、ヨガや瞑想や朗唱そして他人への奉仕というものが勧められてきました。そこにはひとつのパラドックスがあるといえるかもしれません。信じる状態になるためには、まずそれ自体を信じなければならないからです。

そうした古代からの智恵を現代に伝えるシュリ・シュリ・ラビシャンカール師は、「目に見えないものを信じるとき、想像以上のものを得ることができる」といっています。人生で出会うどんなことでも、私たちを信じることの世界へ深く導いてくれる可能性があります。そうなるためには、まずその事実に気づかなければなりません。

多くの社会において、何かを達成するために信じようとしますが、信じようとすることの目的は信じることそれ自体であり、信じることによって奇跡が起こるといえます。

何かを得るために信じようとするということは、マッチですった瞬間の炎のようなものです。それは信じることの出発点ですが、すぐにそのマッチ棒を捨てなければならず、一瞬見えた炎はもう残っていません。しかし、信じることができたとき、最初に考えていた目的は重要でなくなります。信じることそのものがゴールなのです。

信じるということは、「目に見える」現実世界と「目に見えない」スピリチュアルな世界を結びつけることのできるほんとうにすばらしいことです。お金があるかどうか、頭がよいかどうか、美しいかどうかなど、そうしたこととはまったく関係なく、だれにでも開かれていることなのです。

Sri Sri Ravi Shankar, An Intimate Note to the Sincere Seeker, vol. 3, 1998, vol. 6, 2001, Bangalore, INDIA
Sri Sri Ravi Shankar, www.artofliving.org

（訳　金田卓也）

7章 眠り、老い、願い、死ぬ

眠る

眠りの質を高めよう

今井 重孝

いまい しげたか／青山学院大学教育人間科学部教員。ルーマンのシステム論や現象学的な見方とシュタイナーの教育学を結びつけることにより命の通ったホリスティックな教育学が生みだされるのではないかと考えている。

人間は、実に、平均して人生の三分の一を眠って過ごしています。しかし、自分の睡眠を意識化して生活の一部として位置づけて、積極的に睡眠を楽しんだり、意義づけたり、健康法として位置づけている人は、きっと少ないに違いありません。

しかし、ホリスティックに生きるということを考えた時に、人生の三分の一を占める眠りをどのように体験するか、どのように生活の中に位置づけるかは、とても大切なことではないでしょうか？

現代においては、日本では、五人に一人は、不眠の傾向があるということです。エジソンによって電燈が発明されて以来、都市においては、二四時間照明が煌々と輝き、夜通し活動することも珍しくなくなりました。さらに、インターネットや電話回線の発達により、地球上のどことも即座にコミュニケーションをとることができるようになりました。

人間は、科学の力によって、昼夜という自然のリズムを越えて、自由に生活のリズムを刻むことができるようになったのです。しかしながら、自由の範囲は拡大しましたが、それに伴って、快適な眠りから遠ざかり、睡眠薬の助けを借りる人々も増加してきています。これには、もちろん労働条件も影響していることでしょう。夜間勤務も影響していることでしょう。

人間は、もう一度、快適な睡眠と労働条件、生活条件をマッチさせるような文化を早急に作り上げていく必要があるのではないでしょうか。しかし、これは大問題で、一人ひとりが容易に対処できる範囲を超えていますから、ここでは、一人ひとりにできることを中心に考えていきたいと思います。

睡眠と健康

ニュースの職人である鳥越俊太郎さんと日本睡眠学会副理事長の塩見利明さんの対談を出版した『眠って生きろ』（deco、二〇一〇年七月二四日刊）という本があります。鳥越さんは、「サンデー毎日」の編集長をしたこともあり、ニュースキャスターとしても著名な人物でありますが、二〇〇〇年から激しい耳鳴りに悩まされ始め、睡眠に障がいがでたことから睡眠についての関心も高く、また、癌にかかり、四度の手術をしていることから医療に対しても関心が高い人物です。

他方塩見利明さんは、もともとは内科循環器系のお医者さんであったのですが、心臓病と睡眠のかかわりに気づいて睡眠に関心を抱き、スタンフォード大学に留学して睡眠医療の勉強をした方で、日本最初の睡眠科を創設した愛知医科大学の睡眠科に所属している方です。

この両者の対談は、睡眠専門の医師と睡眠障がいの経験者との対話ということで大変興味深いものとなっています。そこで、まずは、この両者の対談を手がかりとして、睡眠について考えてみたいと思います。

眠りを助けるとされている日常的な方法で、誤解されている点についての指摘がされていますので、それを最初に取り上げましょう。眠れないときは、寝酒が効果的と思う人もいて実際実行しているひとも少なくないでしょう。しかし、寝酒は、眠りを浅くし、自分でも気がつかないような短い時間で覚醒を繰り返すことになり、睡眠の質が落ちるので、しないほうがよいとのドクターのご意見です。「よく眠りたかったら寝酒は控える」のが正解だということです。

また、眠れないと、早めに就寝してなんとか眠ろうとする人が多いわけですが、眠れないのだから早く就寝しても眠れないのでかえって眠れなくなるわけで、むしろ逆に就寝時間を遅くして起床時間を早めるほうが賢明な方策であるとドクターは言います。太陽の光を浴びると体内時計がリセットされるので、起床時間を早めて体内時計をリセットし一六時間後に眠気が襲ってくるように調節するほうが賢明なのですね。「眠れなかったら遅めに就寝し、朝は早めに起きて体内時計をリセットして翌日眠れる条件をととのえるのが賢明である」ということになるのです。

また、寝る前に熱い風呂に入って、入眠しようとする人もいると思われますが、人間は、体温が下がっていく時に眠るので、熱いお風呂は逆効果で、寝る前にはぬるめのお湯に入るのがよいと、ドクターは言います。「寝る前にはぬるめのお風呂に入る」。

他にも、一五分間の昼寝の効用、とかアンカースリープの確保という助言もなされています。一五分間の昼寝の効用というのは、広島大学の堀忠夫教授が学生一〇名の脳波の測定をして眠気について調査した結果、一五分程度の昼寝が午後の作業能率の向上につながったという結果から主張されているものだそうです。

アンカースリープの確保というのは、現代社会では、シフト制などにより、睡眠時間が不規則にならざるをえない人も増加しているわけですが、そうした人々に対する睡眠の助言としてなされているものです。眼球が動くレム睡眠と眼球が運動しないノンレム睡眠の一セットが九〇分とされているので、その二セット分の三時間が、アンカースリープの目安であるといいます。夜の時間帯で、かならずその時間帯だけは毎日眠るように三時間を確保するのがよいということです。さらにくわえて、シフト制は時間をだんだん遅くしていく方向で組んだほうが楽であるといわれています。

興味深い話として、塩見さんがスタンフォード大学の睡眠セミナーで最初に生活習慣病の予防七ヵ条というのを教えられたという話があります。その七ヵ条というのは、第一条が「眠れ」、第二条が「朝食を取る」、第三条が「間食を少なく（とくに男性）」、第四条が「標準体重を維持する」、第五条が「運動をする（ときに汗ばむ程度の）」第六条が「酒を少なく」第七条が「喫煙しない」だったといいます。日本のメタボ予防では、後半の四ヵ条が盛んに言われているのに、アメリカでは二〇年も前から、眠りと食事のほうが優先されていたというのです。

睡眠と人生

塩見さんは、今でも日本は、睡眠衛生という考え方が確立されておらず、夜起きて働いているシフトワーカーの数は増える一方だといいます。日本人は、不眠不休で働くことを美徳とし、うたたねを悪とみなす傾向がありますが、これは誤りだというのです。この傾向は、日本の厚生労働省がまだ公式に「睡眠科」を外来診療科の表記として認めていないことにも現れているといいます。「睡眠クリニック」や「睡眠センター」についてはようやくＯＫが出たところだといいます。

睡眠が健康の維持にとても大切なことが強調されていますが、ではなぜ動物は眠るのかという鳥越さんの質問に対して、塩見さんは、「じつは、まだ解明されていないんです」と答えています。

そこで、今度は、「なぜ眠るのか」という問いに対して一つの回答を与えているルドルフ・シュタイナーの睡眠に関する仮説を取り上げてみたいと思います。

シュタイナーは狂牛病を予見していたことで有名な人物でもあります。近年の大脳生理学で九歳の頃の重要性が注目され始めていますが、シュタイナーはすでに一九一九年のシュタイナー学校の創設以来、発達段階において九歳の重要性を強調していました。また、シュタイナーの主張に基づいて、やどり木からイスカドールというがんの薬が作られていますが、これは医薬品として通常の病院でも効果が認められています。

ですから、ひょっとしてシュタイナーの睡眠仮説が正しいことが未来において確証される可能性があるかもしれません。そこで、まずは、シュタイナーの説く睡眠の仮説を紹介しようと思います。

シュタイナーの睡眠仮説

誰でも知っているように、睡眠中は、みな意識を喪失しており、睡眠中に肉体がどのように活動しているか、思考がどのように活動しているか、感情がどのように活動しているかについては、通常は誰も知らない状態にあります。では、なぜ、睡眠中は意識がなくなるのでしょうか？　この理由の説明は、シュタイナーに独特のものですが、この理解のためにはまず、シュタイナーが、人間は肉体と生命体と感情体と自我体の四つの部分から構成されていると考えていることを理解しなければなりません。東洋では、気とか念とかいう言葉があります。気と呼ばれるのが生命体で、念と呼ばれるのが感情体に対応していると考えると日本人には理解しやすいと思われます。人間は、肉体と気と念と自我の四つの部分から構成されているというわけです。これだとわかりやすいですよね。

人間が眠ると、気と肉体が地上に残され、念と自我は肉体から抜け出ていく、とシュタイナーは言います。死にそうになった人が、上のほうから自分を見ていたと証言するという話は時々耳にすると思いますが、日本で通常幽体離脱と呼ばれているこのような状態になるというわけです。幽体離脱の場合は、意識がはっきりしているわけですが、睡眠中は意識がなくなる点が異なるわけですね。

では、なぜ、自我と感情体（念体）は、肉体と生命体から抜け出す必要があるのでしょうか？　シュタイナーの説明では、起きている間、人間は、自分の意志に従って身体を動かしたり、考えたり、感じたりしているわけですが、こうした起きている間の活動により、身体を動かすメカニズムが少し破壊されるといいます。この破壊された部分を修復しなければならないということが睡眠が必要な理由だといいます。眠っているあいだに修復しないと、次第に身体を動かすメカニズムが働きにくくなり、やがて思い通りに身体を動かせなくなり、最終的には死に至ることになるわけです。日本に数家系しかないというまれな病気ではありますが、致死性家族性不眠症というまったく眠れなくなる病気があります。この病気が発病すると、一年ほどでこん睡状態に陥り二年以内に死亡するといわれています。

眠りのあいだに、懸命の修復作業がなされ、その結果翌朝は、リフレッシュして元気が回復した状態ですっきりと目覚めることができるのですね。修復作業をするには、体の動きを止める必要があるので眠るわけなのです。

この修復作業を目覚めた状態で体験したら、大変なことになるだろうともシュタイナーは述べています。毎夜毎夜大手術をしているような感じらしいです。その間意識を失っているというのは本当にありがたいことなのですね。人間の身体は通常その人の意志のままに動かすことができます。しかし、一分の狂いもなく意志に従って肉体を動かすメカニズムは相当な精度の高いメカニズムだと推測されます。それが、微妙に壊れたところをさらに精妙に修復する作業はかなり大変な作業だと想像できますよね。

入眠時の状態

眠る瞬間を覚えている人はあまりいないでしょうね。しかし、眠る瞬間を意識化しようと努力するとだんだんその瞬間を意識化できるようになるとシュタイナーは言っています。だからといって、そのことをお勧めするというわけではありません。可能性があるということですね。シュタイナーによれば、入眠の時の様子は、次のようだといいます。「自分をよく観察してみてください。そうすると、覚醒時に身体を働かせていた力が眠りに入るとき麻痺し始めるのに気がつきます。その時自我は、もはや自分の身体を自由に動かすことができないと感じます。意志の力では身体を動かすことができないという、一種の無力感が心を支配しはじめます。次いで自由に語る能力が失われ、それから次第に外界と関わる能力が消えていき、最後に昼間のすべての印象が消えていきます」（『シュタイナー・コレクション三　照応する宇宙』高橋巖訳、筑摩書房、四一ページ)。

最初に、意志が無力化し、次に言語能力が無力化し、それから外界と関わる感覚器官が無力化し、最後に、昼間の記憶像が消失していくわけです。これは、自我に近いところから無力化が始まるということを示しています。自我が、肉体から分離し始めると、最初に意志を行使できなくなり、次に感情とかかわりの深い言語能力が無力化し、次に外部との接点である肉体の感覚器官が無力化し、昼間の記憶像が失われていくわけです。子どもの発達が、「歩く」「話す」「思考する」という段階で発達することと対応しているのがわかるでしょう。歩くのは意志の働きです。意志の働きが先で次に言葉がくるのです。それから感覚や思考や記憶がやってくるわけです。これは、自我の働きの順序であると理解すれば、自我が肉体から分離するときに同じ順序となるのは理屈にかなっているといえるのではないでしょうか。

不眠症という病気があることでわかるように、睡眠は、人間の意志によってコントロールすることはできません。言い換えれば、自我のコントロール下にはないのです。としたら、自我を肉体から離す力はどこからやってくるのでしょうか。それは物質界ではない世界からやってくるのだとシュタイナーは述べています。

三つの睡眠

さて、睡眠には、レム睡眠とノンレム睡眠があることは有名です。レム睡眠の時に夢を見るということも知られています。シュタイナーは、眠りの種類を三つに区別します。夢のない安らかな眠りと夢の状態のほかにもう一つ、第三の眠りの状態があるといいます。それは、無意識に行動したり話したりする眠り、寝言を言ったり夢遊病のように眠ったまま行動したりする眠りです。しかし、たいていの人の場合は、第一の安らかな眠りが主で、夢見の状態は時折生じます。第三の眠りはまれです。

この眠りの違いは、感覚魂《かんかくこん》、悟性魂《ごせいこん》、意識魂《いしきこん》の働きの違いから生じるのであるとシュタイナーは述べています。安らかな眠りの状態に従っているのが感覚魂で、夢見の状態の影響に従っているのが悟性魂で、第三の眠りの影響を受けているのが意識魂であるといいます。

安らかな眠りと夢の状態については、たいていの人が体験していることですし、寝言についても他人の寝言については聞いたことがある人が多いでしょう。夢遊病のように無意識に眠っていて突然起き上がって再び眠り、まったく本人の記憶に残っていないというケースについても耳にしたことがある人が多いでしょう。そうした意味では、この三つの状態があること自体は経験的に認められる事態であるといえるでしょう。この三つの状態がそれぞれ、感覚魂、悟性魂、意識魂に関連があるとシュタイナーは言うのです。

では、感覚魂、悟性魂、意識魂とは何なのでしょうか。

感覚魂と呼ばれているのは、感覚という言葉に示されている通り、外部の影響に対して開かれた心が外部の影響を感じ取る働きのことをいいます。暑さとか、明るさとか、静けさとか、五官を通してやってくる外部の印象を捉える心の働きのことをいいます。

悟性魂と呼ばれているのは、直接感覚される印象ではなくて、感覚されたものが記憶像、記憶表象として内部化され、その記憶像相互の関係について考える心の働きのことをいいます。

そして、意識魂と呼ばれているのは、悟性魂によって思考された内容を再び外部のものと結び付けるような働きをする心の働きのことをいいます。

シュタイナーは、「わたしは花を見る」というのが感覚魂で、「私は花について考える」というのが悟性魂で、「私は花を見せて誰かによろこんでもらおうとする」というのが意識魂なのだと説明しています。

心の働きが、感覚魂から悟性魂へ、そして意識魂へと移るに従い、心の働きはだんだんと深化していることがわかります。記憶像についてあれこれ考えをめぐらす悟性魂の働きが眠りに作用すると夢を見るというのは、なるほどという気がしますが、いかがでしょうか。

睡眠中

さて、覚醒から睡眠へ睡眠から覚醒へと、通常は毎日、意識の状態は交互に変化しているわけですが、入眠時から覚醒時に至る過程でまずは、感覚魂が働きかけ、次に悟性魂が働きかけ、最後に意識魂が働きかけ、一番深い睡眠状態となり、再び悟性魂の働きに戻り、最後に再び感覚魂の働きに戻り覚醒するとされています。この過程が、自我と感情体が肉体と生命体から抜け出て、再び戻ってくる過程に対応しているわけです。夢を見ているレム睡眠と熟睡しているノンレム睡眠が交互に繰り返されて目覚めると睡眠科学ではいわれていますが、これとシュタイナーの説明がどのように統合できるかは興味ある課題でありましょう。

さて、睡眠中の自我と感情体の状態、生命体の状態についてもシュタイナーは詳しく述べていますので、そのエッセンスについて紹介しておきましょう。

睡眠中は、感情体と自我が、肉体と生命体から抜け出すということはすでに触れました。では、その間、感情体や、自我、生命体は何をしているのでしょうか。外部に離脱した感情体と自我がエネルギーの補給をしている点にはすでに触れましたが、それ以外にも重要な作業がなされているのですね。それはいわば高位の霊的存在たちからエネルギーを与えられたり、疲れて消耗し壊れた部分を修復したりしてもらうことに加えて、その日一日の間にその人が話した言葉のすべてが、高位の霊的存在（大天使）によって吟味されるというのです。表面的な言葉の概念ではなく、どんな気持ちを込めて話された言葉なのか、どんな意図を込めて話された言葉なのか、言い換えれば、言葉に込められた意志、感情、思考が吟味されるというのです。大天使は、理想主義に支えられた言葉を喜び、唯物主義に支えられた言葉を喜ばないといいます。ですから、スピリチュアルな会話、相手のためを思う言葉、社会の未来を思う言葉、人類の未来を思う言葉、そうした言葉が大天使の気に入る言葉のようです。大天使が喜ぶ言葉があるとそれに応じて大天使は、その人にエネルギーを補給してくれるのだそうです。そして、この補給は、単に翌日の活動に影響を与えるのみならず、死後の霊界における「生きる力」にも影響が出るようなのです。

もしそれが本当だとしたら、日々の言葉遣いを慎重にしようという気持ちになるのではないでしょうか。一人ひとりの睡眠の質を決めるのは、枕の形や、睡眠時間や、食事の時間ばかりではなく、その人の起きている間に話す言葉も大きな役割をはたしているということになりますから。

また、睡眠中には、その人がその日一日の間に行ったすべての行為について、高位の霊的存在（人格の霊「アルヒャイ」と呼ばれています）が吟味するのだそうです。その行為が善なる行為だったのか悪なる行為だったのかによって判定がなされるようです。通常よくいわれるように、死後地獄行きか極楽行きかが決まるのではなく、実は、毎日寝ている間に、その日一日の行為の正しさは判定し終えているというわけなのですね。このあたりは、現実離れしすぎていると思われる方も少なくないでしょう。でも、これが事実としたら、あるいは、これが事実だと信じたとしたら、日々の行為が、より慎重になされることは間違いないのではないでしょうか？　睡眠を整えその質を高めるためには、睡眠中の暑さ、湿度などの環境条件のみならず、昼間の行動がどのように整えられているのかが重要であるということになるでしょうから。こうしたいわば超感覚的な仮説が睡眠の質を高めることができるとしたら、このイメージは睡眠を変える力、換言すれば、睡眠という現実を変える力があるということになるといえるでしょう。

寝ている間に地上に残されている生命体に対しても、その日一日話した言葉や考えたこと、感じたことがもう一度霊的な波動として、目、耳、鼻などの感覚器官の位置から、音、光、熱の波動となって伝達されるといいます。それにより、物質的な部分ではなく、言葉や思考、感覚に含まれていた霊的部分が生命体に刻印され、それぞれの人間は、日々、霊的個性を構築しているのだといいます。

とても信じられないという人もいるでしょう。そういう人のほうが多いことでしょう。しかし、この信じられないような仮説を虚心に受け止めたとき、わたくしたちは、睡眠の質を保つためには、目覚めている時に何を話し、何をするかがもっとも重要であるという気持ちになるのではないでしょうか。起きて活動している時の生活のあり方を全体的にホリスティックな方向へと変えて行くことによって、睡眠の質を高めることができるのだと考え始めるのではないでしょうか。その効果については、一人ひとりが自分の睡眠体験の中で、日常生活の中で、確認可能であるわけですから、それぞれが、自分の経験に基づいて、自分なりのホリスティックな睡眠を構築されるのが一番大切であるということになるでしょう。

前にもに触れましたように、睡眠の謎は、睡眠科学では、謎のままにとどまっています。シュタイナーは、感覚で認識できる範囲を超えた世界についても触れ、睡眠の役割についての仮説を提起しています。こうした類の仮説は、五感に依拠した現代科学の枠を超えていますので、科学的真偽決定の対象外になるわけです。とはいえ、たとえば愛という人間のいとなみは、やはり科学的な真偽決定の対象にはなりにくいものですが、人間の社会において大きな役割をはたしています。したがって、科学的な真偽問題の対象としてではなくて、生きるうえで、生活するうえで力となる仮説かどうかが大切なことなのですね。有力な仮説かどうかは、わたくしたち一人ひとりの睡眠仮説への取り組みによって、確証されていくことなのでしょう。

シュタイナーは、人智学は理論ではないのです、実際の生活に役立つ知恵なのです、と言っています。また、私の言うことを、決してそのまま受け入れてはなりません、それぞれが自分で確かめて、正しいと思ったら受け入れてください、と述べています。

ひとまず、睡眠もまたホリスティックに体験できるように、シュタイナー仮説にもとづいて、自分にとって快適な睡眠のあり方を探す旅に旅立たれてみてはいかがでしょうか。

参考文献

鳥越俊太郎・塩見利明（二〇一〇）『眠って生きろ』deco
R・シュタイナー（二〇〇三）『シュタイナー・コレクション三　照応する世界』高橋巌訳、筑摩書房
Steiner, Rudolf. Die menschliche Seele in ihrem Zusammenhang mit göttlich-geistigen Individualitäten. GA224 Rudolf Steiner Verlag 1992

老いる
いただいて、いまを生きる

佐川 通

さがわ　とおる／一九六三年新潟大学卒。県下の中学校に三五年間勤務。十日町市立南中学校で「学校の森」づくりを実践し子どもと地域と地球が一つにつながる喜びを実感。山之内義一郎氏等と「学校の森」の普及に努めている。

東の空が明るんで、信濃川の上流に越後三山が姿を現しました。自然の梅雨明け宣言です。朝のお勤めを終えて家へ帰ると、ゆっくりと朝風呂に体を沈めます。湯の香りが川面の水の匂いと溶け合って、私の体の中を流れて行きます。鳥の声を聞きながら湯舟の中で遊んでいると、母の胎内にいたときから七〇余年、途切れることなく自分にまで続いている「いのち」の流れを感じます。

先日、五〇年前に書いた大学の卒業論文を読んでいて、はっとしました！　当時の問いは、まだ解決されていないことに気づいたからです。主任教授黒田正典博士のホリスティック（全体感）教育の方向性に感動して、自分に実験課題を課して教師生活に飛び込んだのでした。しかし、その企ては現実のトラップにはまって、「もうだめかもしれない」と思ったこともたびたびありました。実は、その瞬間でも、実は「見えないもの」と出会い、支えられ、守られて、いまにつながっていることに、当時は気づきませんでした。私の老いを楽しく生きる力は、そこから発していることを話したいと思います。

遊びから蘇る「つながり感」

最初の大きなブレイクは、教師生活二〇年目、枠に感じて学校の仕事に専念していた時でした。「猛烈先生」という噂が生徒から聞こえてくると、うっとりする自分がいました。しかし、ある年度に担任した中学三年生の学級には、学校や社会のルールを破る問題が発生していました。その解決方法として子どもたちが選んだ道は、さらに「遊ぶ」だったのです！　「教える」ことにプライドを感じていた私は、その無力さを思い知らされました。教室、屋上、公園、祭りの花火など、場を見つけては遊びました。家へ帰ると「学校が楽しくなった」と語る子どもを見て、今度は親たちが遊びをつくってくれました。「森のキャンプ」です！　真っ暗な森の中で、めらめらと燃え上がる火を囲んで、食事を作る、歌う、語る、飲むなど、楽しい語らいで盛り上がりました。キツネが人を騙す話や怪談に、「きゃ～きゃ～」と言いながら体をすくめて聞いていました。子どもたちが寝静まった頃、私はテントの外に出て用をたしました。お月さんがそっと笑って見ていました。生徒たちが学校生活に落ちつきを取り戻して「学級力」を発揮したのは、それから間もなくでした。大人たちの森の宴は、子どもたちの卒業後も開かれました。

森の「いのち」の「つながり感」

第二のブレイクは、教師生活三二年目に学校経営に携わった時でした。当時信濃川の中流域を襲った「荒れる子どもたちの風」が、まだおさまっていませんでした。幸いにも、親や地域が立ちあがってくれました。学校と地域の交流の輪は、特別活動を中心に広がり、学校がいきいきしてきました。その流れの中から、ふるさとの雑木を生かした生態系の森・生命の森・「学校の森」が生まれました。七五〇㎡のマウンドに約八〇〇本の苗木を、子どもたちと親と教師の手で、一本一本植えました。小さな森でしたが一四年目を迎え、現在、校舎の二階に届くまでに立派な森に生長しました。教師も生徒も教室に居ながら森の四季を楽しんでいます。森の「春祭り」と「秋祭り」には、地域の園児や障がい者も参加して癒しの森になっています。森の「いのち」の「つながり」は、校内に留まりませんでした。国の内外からいろいろなメッセージが入ってきました。「海草や魚が喜んでいます」（漁業関係者）、「学校の悩みは地域の悩みです。一緒にやりましょう」（民間まち起こし団体）、「子どもたちのトイレ掃除をさせてください」（民間便所掃除に学ぶ会）、「トロント大学の学生から学校に森をつくった子どもたちと交信したい[1]」（中川吉晴）、「国連ＣＯＰ３京都会議で校庭に森をつくるのは一石二鳥です[2]」（吉田敦彦）韓国にも「学校の森」づくりは広がって行きました。校庭に植えた木の苗から、子どもと家族、学校と地域、社会と自然の「いのち」の「つながり」を生かすグレイテスト・ストーリーが生まれたのです。森には不思議な「つながり感」があることに気づきました。

自然の心に包まれて

第三のブレイクは、二〇〇四年、新潟県中越大地震に遭遇したときでした。一瞬にして、山が割れ、川の流れが変わり、家が倒壊し、けが人や死者が出ました。まちを歩く人の目は血走っていました。人々の生活が少し落ちつき始めた二〇〇六年冬、私はホリスティック教育協会代表の金田卓也さん親子の案内で、インドのリシバリー・スクールを訪れました。短い滞在期間でしたので、時間を見つけて森の中を散策しました。夜明け前に、森を見に丘に登ったときでした。目の前に墨絵のようなすばらしい世界が広がっていました。満月の輝く宇宙の下に「賢者の丘」の山並みが連なり、その丘の下に森が闇の中に眠っていました。満天の月、太古の山並、生命を秘めた深い森の静寂、その絶対的な存在が、みんな一つの流れの中に存在していました。私が呼吸すると静かに自分の中に入り、自分から流れ出て森へ、生き物へ、大地へつながって行きます。私の「いのち」は、目には見えない大きな宇宙のつながり、何億年もつなげられてきた自然のはたらきの中で守られ、支えられていたのです。感動の涙が、自然にわいてきて、ほほをぬらしていました。

「老いる」とは「いのちのつながり」に生きる喜びだと思います。

参考文献

（１）山之内義一郎、佐川通、清水義晴（一九九七）『森と夢のある学校』博進堂
（２）十日町市立南中学校実践記録集（一九九七）『南の森』博進堂

願う　心の平安と相互理解を求めて

小林 せつこ

こばやし　せつこ／日本ホリスティック教育協会運営委員。日本ホリスティック医学協会運営委員。バッチ財団登録プラクティショナー。ハコミセラピスト。共著に『バッチフラワーの癒し』『ホリスティック医学』（ともに東京堂出版）。

わたしの原点

テレビが普及し始めた小学校高学年の頃、急速に視力が低下しました。暗くなっても電気もつけずに縁側で、本や漫画を読み耽っていました。当時よく願いごとをしました。「視力が元に戻りますように」と。生家には神棚も仏壇（天台宗）もありましたが、わたしが願い祈っていたのは仏様でもご先祖様でもなかったと思います。

心理療法を学ぶようになって、しだいに強度の近眼は、わたしの小さな時の悲しみとつながっていると思うようになりました。わたしが二、三歳の頃、母の実家の寺の境内のサルスベリの木の下で、母におんぶされていました。父が母を連れ戻そうと、その木の下でぐるぐると追いかけっこをしていました。大恋愛で結ばれた両親でしたが、大家族の農家に嫁いだ母は、心身ともに疲労困憊。わかりあえない父と母の哀しみが背にいるわたしにも伝わってきました。

小学校高学年になるにつれ、両親の溝は深まり、その様子をみたくなかったのだと思います。仲睦まじくいてほしい……子どもとしての願いは高校一年のときに決定的に砕かれました。父の愛人問題が発覚したのです。

わたしも結婚生活を経験し、夫婦や家族、人と人とが理解しあうことの難しさを実感するようになりました。だからこそ深く理解しあいたいという願いは、わたしの原点になっています。

心の中に平和のとりでを築くこと

高校時代はユネスコクラブに所属しました。先輩たちはベトナム戦争反対を文化祭などで訴えていましたが、わたしたちは、エスペラント語を文化祭で紹介しました。ユネスコ憲章の前文「戦争は人の心の中で生まれるものであるから、人の心の中に平和のとりでを築かなければならない」と書いた花のイラスト入りのしおりを心をこめて作成し、配布しました。心の平和と世の中の平和への思いと願いをこめて。

全託と心の平安

一〇年くらい前から、わたしが願っていたことは「神様、わたしをお使いください」でした。目に見えないものに委ねるようになっていました。自力と他力のバランス。全託することを目指したスピリチュアル・トレーニングも始めました。

その結果、一一年間勤めたスクールカウンセラーをやめて、仙台市から川崎市に住まいを移すことになりました。約八〇年前から実践されてきた、イギリスのバッチ博士の健康観をもとにした教育プログラムを伝える活動に携わるために。

有能な医師だったバッチ博士の願いは、病気の根本治療となるシンプルで副作用のない自然療法を原野の草花や樹木からとり出して確立し、共感と愛を持った誰でもが癒し手になれる道を示すことでした。病の原因は、感情と性格だと洞察し、恐れや不安をなくすことが病気を予防する……心の平安をもたらし美徳を高めるフラワーレメディを世に残したのです。

私たちの「魂」は達成できる仕事しか私たちに与えはしない

バッチ博士

心の平安を保ちながら、自分の役割をはたしたいと願っています。

参考文献

エドワード・バッチ（二〇〇七）『バッチ博士の遺産』バッチホリスティック研究会

バッチホリスティック研究会編（二〇〇三）『バッチフラワーの癒し』東京堂出版

ノラ・ウィークス（二〇〇〇）『心を癒す花の療法』日本アート出版

鈴木大拙（一九七二）『日本的霊性』岩波文庫

ロン・クルツ／グレッグ・ヨハンソン（二〇〇四）『ハコミセラピー――タオイズムと心理療法』春秋社

ロバート・ライル（一九八五）『スブド――内なる生命との出会い』めるくまーる

死ぬ

器からの解放

瀧口 文子

たきぐち　ふみこ／東京・新宿生まれ。夫・二人の子と千葉県在住。地域保健師、塾経営等を経て現在産業保健師。アントロポゾフィー看護を学ぶ看護職の会運営委員。バイオグラフィーワーカー養成コース四期生。鎌ヶ谷平和イベント運営。

今、日本で死ぬこと

「人は生まれたらいつかは死ぬ」生まれた時からそのことは決まっており、どんなに願っても、どんなに泣いても、死ぬことからは逃れられません。

眠るように死ぬ人もいます。突然の事故や病気で身体を損なうことで死ぬ人もいます。寿命を全うして死ぬことが、「おめでたい」と思えることもあれば、別れの死だから何歳になっても「辛い」と思えることもあります。

いつかは死ぬ、ということに納得できない人もいます。死ぬ時期を自分で選択できないことを受け入れ難く思っている人もいます。〝死なされる〟ことに抵抗し、延命を強く望む人もいます。一方「延命処置を拒否する権利」を行使しようとする人もいます。医学が進みどこからどこまでが、人的「延命」なのか、「定められた死」なのかの区別をすることそのものが難しくなってきています。

また、「定められた死ぬ時期」より早く死ぬことを選ぶ自死者は、一九九八年から一二年連続で日本国内だけで年間三万人超もいます。

〝普通の人〟が「死ぬ人」に遭う機会は以前より減りました。平均寿命も八〇歳を超え、病院や施設で死ぬ人が多いこと、兄弟姉妹が減り、家族親戚づきあいが減り、死に際までつきあうほどの深い関係を望む人が減ったせいもあるかもしれません。日本が直接戦った戦争から六五年たち、戦争のために大勢が死ぬこともなくなりました。

お盆の時期にお墓参りをする風習、仏壇を家の中に置き拝む風習は一部に残っている程度で、宗教的生活習慣はどんどんとすたれてきて、生活の中で死ぬことについて深く考える機会は減ってきています。

死ぬことの意味を問う

「死んだらもうお仕舞い、そこですべてが終わる」と思うと、生きていることの意味がわからなくなることもあります。できるだけ長生きをし、死ぬまで楽しめるだけ楽しもうという発想になるかもしれません。それぞれのかかえる問題でやむにやまれず、みずからの命を絶たざるをえない状況に追い込まれたと感じることもあるかもしれません。

それぞれの「死」の哲学がそれぞれの健康にも影響を与えています。「よく老い、よく死ぬ」ということが十分理解できてくれば、自ずと生活習慣のバランスも整ってきます。生活習慣病の原因である「食べ過ぎ、飲み過ぎ、運動不足、働き過ぎ、嫌なことにノーといえず負のストレスを貯めること」を自制することが容易になってくるでしょう。

実際に死の先になにがあるのかを生きている間に見れる人はほんのわずかしかいない中で、死の先のことを想像することは容易ではありません。しかし、人生という螺旋階段を「死ぬこと」だけをゴールと決め、昇りつめていくことも容易ではありません。ゴールから先の「死後のご褒美」が「死ぬ」こと「死ぬ時期を待つ」「死を受け入れる」ことへ力を貸してくれるかもしれません。生きることの先に死があり、それが一つのゴールであると同時に、まさに次の門の入り口であると思えれば、目先の一喜一憂も変わって感じられます。

日本人は大昔から八百万《やおよろず》の神を祀り、大自然に感謝をし、大自然のならわしを大事にしてきました。その延長として大自然に戻る行為である「死ぬ」ことも受け入れていました。

仏教やキリスト教などの宗教が日本に入ってからも、

死後の世界をいろいろな宗派がいろいろな方法で表現してくれました。「悪いことをすると、死後地獄に落ちる」、というお話が今生の人々の生活を道徳的にさせました。「死後天国に入れる」「輪廻転生での次の生をよりよいものとすることができる」「不完全な霊を完全なものへと近づけることができる」そういったスピリチュアルな世界観が死の意味づけをしてくれ、安心して人間として社会の中で生き、安心して死ぬことができるように導いてくれました。

「夜眠っている間にも人の魂は身体から離れて霊の世界に行き、朝身体に戻ってくるのであるが、死後は身体に戻らなくなるだけであり、死ぬことは眠ることの延長である」と意味づけられれば、死ぬことへの恐怖も薄らいできます。「身体を脱ぎ捨てた魂が死の門をくぐった後、宇宙飛行士さながら宇宙へと移動していき宇宙を一廻りした後に、次の生へと生まれ変わる」といった死後のスピリチュアルな物語が心の中で映像化できた時、その壮大な営みにすっぽりとつつみこまれ、宇宙とのつながりを感じられるようになります。その気持ちが、生と死にバランスを与え、死ぬことは生きることの延長として受け入れられてきます。

死ぬことの意味が腑に落ちた時、死への途上での苦しみを自己教育の機会に変え、喜びにつなげることによって、自然と死ぬことができるようになるのかもしれません。

おわりに

ホリスティック教育ライブラリー最終巻にあたる本巻では、さまざまな動詞をとりあげ、私たちの日々の生活をホリスティックな視点で見つめ直してみました。

この世に生まれた赤ん坊が初めにする動作は息を吸うことですが、私たちは、最期に息を引き取るまで、吸って吐く、吸って吐くという数えきれないほどの呼吸を繰り返しながら、食事をし、眠り、遊び、学び、泣き、笑い、そして人を愛するといった人生を送っていきます。

人間が生きていくためのもっとも基本的な動作である呼吸という行為が外の世界と私たちの身体、そして身体と心をつなげる役割をしているということは、人間そのものが宇宙全体とつながるホリスティックな存在であることを象徴しているように思います。

二〇〇一年に刊行された『いのちに根ざす日本のシュタイナー教育』に始まるこのホリスティック教育ライブラリー・シリーズは、『ホリスティックな気づきと学び――四五人のつむぐ物語』、『ホリスティック教育ガイドブック』、『ピースフルな子どもたち――戦争・暴力・いじめを越えて』、『ホリスティック教育入門』、『持続可能な教育社会をつくる――環境・開発・スピリチュアリティ』、『学校に森をつくろう！――子どもと地域と地球をつなぐホリスティック教育』、『持続可能な教育と文化――深化する環太平洋のＥＳＤ』、『ホリスティック・ケア――新たなつながりの中の看護・福祉・教育』と続き、一〇巻目のこの『ホリスティックに生きる――目に見えるものと見えないもの』で完結することになりました。

このライブラリーの書名一つひとつを見てみると、日本ホリスティック教育協会が何を目指して活動を続けてきたかが見えてきます。両手の指を折って数えることのできる「一〇」という数字で本シリーズは一つの区切りとします。すべてのことには始まりがあり、終わりがあります。そして、そのことに自覚的になったときに、はじめて時の流れを超えることができるように思います。

第一巻の発行以来、この一〇年間でさまざまな変化がありました。その一つは、ＩＴ技術の飛躍的な進歩により、ブログやツイッター、そしてフェイスブックのような新しいコミュニケーション手段が普及したことです。あらゆる事柄がデジタル化していく中で、私たちがなぜ「本」にこだわるかというと、一冊の本を手に取り、ページをめくるときに感じる、ある種の手触り感、ぬくもりというものを大切にしたいと思ってきたからです。

ホリスティック教育ライブラリーでは、より深い魂の次元まで含めて教育の問題を考えたいという意図がありました。完結巻の「目に見えるものと見えないもの」というサブタイトルにもその意味が強く込められています。

第三巻『ホリスティック教育ガイドブック』の裏表紙には、ボディー・マインド・スピリットの三つの本質的なつながりを表現したホリスティック・コンパスの絵が描かれています。本シリーズが始まったばかりの頃、スピリチュアルという言葉はあまり一般的ではありませんでしたが、この一〇年間で、スピリチュアルという言葉の使われ方は大きく変わりました。現在、マスメディアの影響でスピリチュアルという言葉が一般の会話でも使われるようになりましたが、その意味するところとして前世・オーラということばかりが強調され、スピリチュアルという言葉が本来的にもっている意味の広がりが、狭くなってしまったことは残念でなりません。

本巻でとりあげた人間のさまざまな動作に関して、執筆者は必ずしもスピリチュアルという言葉を使っているわけではありませんが、ホリスティックな生き方とはスピリチュアルな視点を抜きには語ることができないということを感じさせてくれます。重要なのは「スピリチュアル」という言葉を使うかどうかではなく、一人ひとりの執筆者が大切にしている心の最奥と向き合った生き方なのです。

「ホリスティック」という言葉に関しても同じことが言えます。何か決まったホリスティックな生き方というものが存在するのではありません。本全体を読んで感じとることができる共通点――各章すべての中に見出すことができるとともに、ライブラリーシリーズの他の本にも存在し、そして、ライブラリー一〇巻全体を通して感じられるもの――まさにそれこそがホリスティックな精神《スピリット》なのです。このことは、人間の微小な細胞一つひとつに、宇宙全体の構造とのアナロジーを見出すホリスティックな哲学を示しているようにも思います。

最後に、私たち日本ホリスティック教育協会のメンバーの「ホリスティック教育に関する本をシリーズで刊行できれば」という願いを、まだ「見えない」ものであった状態からまさに目に「見える」形にしていただいたせせらぎ出版の山崎亮一社長と、全一〇巻にわたって細やかな心配りをもって編集作業を進めていただいた山崎朝さん、そして、それぞれの巻にパソコンのモニター上では決して感じることのできない、優しさとぬくもりのあるすばらしい装丁をして下さった濱崎実幸さんに深く感謝したいと思います。

二〇一一年二月

日本ホリスティック教育協会　金田卓也　金香百合

日本ホリスティック教育協会のご案内

●日本ホリスティック教育協会とは

ホリスティックな教育に関心をもつ人たちが学びあうネットワークとして、1997年6月1日に設立されました。学校教育関係者はもちろん、親や市民、カウンセラーや研究者など幅広い多様な足場をもつ人たちが、情報を提供しあい、相互に交流し、対話をすすめています。それを通じて、広くホリスティックな教育文化の創造に寄与したいと願っています。

●主な活動

1．季刊ニュースレター、研究紀要、その他の刊行物の発行と配付。インターネットの活用（ホームページ）。
2．ホリスティックな教育実践の促進と支援、およびその交流。
3．講演会、ワークショップ等の開催。
4．国内外の関連諸学会・協会等との連携および協力。
5．その他、本会の目的達成に必要な事業。

●入会案内（詳細は下記ホームページでご覧いただけます）

日本ホリスティック教育協会　事務局
〒603-8577　京都市北区等持院北町56-1
立命館大学文学部　中川吉晴研究室内

TEL/FAX：075-466-3231
E-mail：mail@holistic-edu.org
URL：http://www.holistic-edu.org/

編　者

今井　重孝（いまい　しげたか）
日本ホリスティック教育協会元代表。
青山学院大学教育人間科学部教員。

金田　卓也（かねだ　たくや）
日本ホリスティック教育協会共同代表。
大妻女子大学家政学部教員。

金　香百合（きむ　かゆり）
日本ホリスティック教育協会共同代表。
HEAL（ホリスティック教育実践研究所）主宰。

装幀――濱崎実幸
写真――永原孝雄

ホリスティックに生きる　―目に見えるものと見えないもの―

2011年３月31日　第１刷発行
編　者　日本ホリスティック教育協会
　　　　今井重孝・金田卓也・金香百合
発行者　山崎亮一
発行所　せせらぎ出版
　　　　〒530-0043　大阪市北区天満2-1-19　高島ビル２階
　　　　TEL. 06-6357-6916　FAX. 06-6357-9279
　　　　郵便振替　00950-7-319527
印刷・製本所　株式会社遊文舎

ISBN978-4-88416-203-0
"Living a Holistic Life: The Visible and the Invisible" Ed. by Japan Holistic Education Society.
Shigetaka IMAI, Takuya KANEDA, Kayuri KIMU

せせらぎ出版ホームページ　http://www.seseragi-s.com
メール　info@seseragi-s.com

ホリスティック教育ライブラリー 2

ホリスティックな気づきと学び

45人のつむぐ物語

2002年刊行
日本ホリスティック教育協会
吉田敦彦・平野慶次 編
A5判　250ページ
定価（本体2000円＋税）

学校・家庭・フリースクール・教育NGO・地域づくり・カウンセリング・医療・福祉・芸術……

ひとつひとつの
小さな物語から
ホリスティックが
みえてくる。

ホリスティック教育ライブラリー 3

ホリスティック教育ガイドブック

2003年刊行
日本ホリスティック教育協会
中川吉晴・金田卓也 編
A5判　265ページ
定価（本体2095円＋税）

世界にひろがる
21世紀の教育
ヴィジョン

ホリスティック教育ライブラリー 4

ピースフルな子どもたち

戦争・暴力・いじめを越えて

2004年刊行
日本ホリスティック教育協会
金田卓也・金香百合・平野慶次 編
A5判　250ページ
定価（本体2000円＋税）

泣いている
たくさんの子ども
たちが

ホリスティック教育ライブラリー 5

ホリスティック教育入門

〈復刻・増補版〉

2005年刊行
日本ホリスティック教育協会 編
A5判　200ページ
定価（本体1714円＋税）

ホリスティック教育
を学ぶ
はじめの一冊

時代をひらき、ともに歩む、
地図と羅針盤。

ホリスティック教育ライブラリー6

持続可能な教育社会をつくる

環境・開発・スピリチュアリティ

2006年刊行
日本ホリスティック教育協会
吉田敦彦・永田佳之・菊地栄治 編
A5判　210ページ
定価（本体1714円＋税）

アーヴィン・ラズロ
（世界賢人会議「ブダペストクラブ」会長／「地球交響曲第五番」出演者）
より本書への熱いメッセージ

人類に警鐘を鳴らす未来学者・アーヴィン・ラズロが、現代教育の課題と展望を初めて語る。
貴重な講演録を全収録。

ホリスティック教育ライブラリー7

学校に森をつくろう！

子どもと地域と地球をつなぐ
ホリスティック教育

2007年刊行
日本ホリスティック教育協会
今井重孝・佐川通 編
A5判　210ページ
定価（本体1714円＋税）

森はすべてを
つなげてくれる。

小さな森が生み出す、
驚きの教育効果。
日本発、元気がでる
学校起こし！

ホリスティック教育ライブラリー8

持続可能な教育と文化

深化する環太平洋のESD

2008年刊行
日本ホリスティック教育協会
永田佳之・吉田敦彦 編
A5判　230ページ
定価（本体1905円＋税）

グルーバル化により相互依存がますます強まる今日、「共生」に向けた教育界の試みとその可能性を伝える貴重な国際会議の報告です。

緒方貞子
JICA（国際協力機構）理事長／
元国連難民高等弁務官

ホリスティック教育ライブラリー9

ホリスティック・ケア

新たなつながりの中の
看護・福祉・教育

2009年刊行
日本ホリスティック教育協会
吉田敦彦・守屋治代・平野慶次 編
A5判　210ページ
定価（本体1905円＋税）

「ケア」の現場でいま切望される
個人化時代を超えるつながり

鷲田清一（哲学者）×伊勢真一（ドキュメンタリー監督）【対談】
〈できなさ・弱さがつなぐもの〉
全収録